高职高专国家示范性院校“十三五”课改系列教材
从零开始 项目引领教学

零基础学习 ASP.NET 数据库编程

邓剑勋 编著

西安电子科技大学出版社

内 容 简 介

本书系统地介绍了 ASP.NET 的基础知识，采用“场景驱动”、“项目教学”的授课模式，将“学生选课系统”这一教学案例贯穿于全书始末，通过情景描述、案例分析、解决方案开发等方式引出所授知识点，并为每个知识点配套了精心准备和调测通过的演示代码(见电子文档，可在出版社网站查阅、下载)。全书共分为 10 章，内容包括选课系统安装和展示，HTML、Javascript和 CSS 基础，VS2010 工具和 SQL Server 2008 工具的使用，C# 和 SQL 的基本语法，以及常用开发控件、母版页等技能，书中综合阐述了数据库编程的基本技巧，并通过对选课系统的需求分析和代码开发，巩固和升华所学知识。

本书是一本适合高职院校的教材，学生从零基础开始，通过本书的学习可以编制具备一定复杂度的 ASP.NET 项目。本科院校学生和教师亦可将本书作为技能参考手册。全书案例代码均在电子文档中予以提供，并在 VS2010 和 SQL Server 2008 环境下调测通过。为方便教师根据本书进行授课，亦提供教学用 PPT。

图书在版编目(CIP)数据

零基础学习 ASP.NET 数据库编程/邓剑勋编著. —西安：
西安电子科技大学出版社，2016.7
高职高专国家示范性院校“十三五”课改系列教材
ISBN 978-7-5606-4083-9

Ⅰ. ① 零… Ⅱ. ① 邓… Ⅲ. ① 网页制作工具—程序设计—高等职业教育—教材
Ⅳ. ① TP393.092

中国版本图书馆 CIP 数据核字(2016)第 080846 号

策　　划　李惠萍
责任编辑　许青青　张欣
出版发行　西安电子科技大学出版社(西安市太白南路 2 号)
电　　话　(029)88242885　88201467　　邮　　编　710071
网　　址　www.xduph.com　　电子邮箱　xdupfxb001@163.com
经　　销　新华书店
印刷单位　陕西天意印务有限责任公司
版　　次　2016 年 7 月第 1 版　2016 年 7 月第 1 次印刷
开　　本　787 毫米×1092 毫米　1/16　印张 10.5
字　　数　243 千字
印　　数　1～3000 册
定　　价　20.00 元
ISBN 978-7-5606-4083-9/TP

XDUP 4375001-1

前言

本书作者于2013年从企业转入高校担任教师，在3年的教学过程中，更换了6本ASP.NET教材，均不是特别满意。偏厚的教材学生阅读起来压力很大；而页码较少的书籍，其内容又没有涵盖完整ASP.NET程序员岗位必备的基本技能。很多教材均存在不同的缺点或不足：要么案例讲解较少，阅读起来较为晦涩；要么提供的案例存在一定错误，或者案例难度并不适合零基础的学员学习。因此，找到一本精干的教材比较困难。为解决这个问题，笔者根据自己之前在企业从事ASP.NET开发岗位的经验，精心选择了一些学生学习ASP.NET课程应该掌握的高频技能，用浅显易懂的表达方式和案例驱动进行了知识描述，并结合学生熟悉的选课场景，以选课系统的案例演示作为首堂课的教学内容，吸引学生兴趣。随着课程的深入，让学生不断了解开发这套系统所涉及的技能。用项目带动教学，用教学促进项目，最终让学员能独立分析和开发该系统。从实践的效果来看，学生反映学习效果较之前改善不少。因此，笔者特将这一教学内容整理出来，分享给大家。

全书分为10章。第一章通过配置精选并优化后的选课系统，让学员了解ASP.NET能干什么，激发学习兴趣，并了解配置该系统的基础技能。第二章介绍项目涉及的HTML、Javascript和CSS基础知识，让学员学习后能具备简单网页和美工开发技能。第三章介绍一个简单的ASP.NET项目的开发过程，让学生掌握在VS2010开发环境下网站开发的基本步骤。第四、五章侧重于C#语言基础和ASP.NET中常用的基本控件。第六章介绍母版页的用途，解决一组页面中通用的内容的复用性问题，让学员理解何为“一处改动，多处生效”。第七章介绍SQL语言和SQL Server 2008数据库的操作，为下一章的数据库编程作好铺垫。第八章让学员使用VS2010和SQL Server 2008进行混合数据库编程，掌握从前端进行数据的增删查改的技能。第九章和第十章根据前述知识，介绍选课系统的需求分析，引导学生了解需求分析的基本技巧，并利用前八章所学知识开发选课系统的各个模块代码。

本书内容由浅入深，循序渐进，重点突出，既较好地体现了作为ASP.NET程序员应该掌握的基本职业技能，又避免了全书长篇累牍让读者无所适从，让不具备ASP.NET编程基础的学生阅读起来也倍感轻松。

本书由重庆电子工程职业学院软件学院的邓剑勋老师编撰，作者在企业从事十余年项目开发，熟悉.NET环境下的Web开发技能及基于SQL Server的数据库分析和设计，对岗位常用技能包比较熟悉，因此本书简明、实用。

本书中所有案例代码及演示系统均在电子文档中予以提供，并在 VS2010 和 SQL Server 2008 环境下调测通过。为方便教师利用此书授课，电子文档中亦提供了教学用 PPT，有需要的老师可在西安电子科技大学出版社网站免费下载。

由于时间紧凑，编撰上难免有不足之处，敬请指正。

作　者

2016 年 3 月

目 录

第一章　初识 ASP. NET

1.1　教学目标

ASP. NET 是微软公司的产品，运行于 IIS(Internet Information Server 服务)中，主要用来开发 Web 应用程序，是当前开发网站和 Web 应用程序的主流技术。Visual Studio 是其开发工具，许多程序设计者把它与数据库产品 SQL Server 混合使用，来开发商业软件(本书的开发工具是 VS2010，数据库是 SQL Server 2008)。

通过本门课程的学习可以达到如下目标：

(1) 了解一个用 ASP. NET 技术开发的小型选课管理系统。

(2) 学习这个系统的安装和部署。

(3) 从头开始了解该系统的开发过程，了解其中涉及的技术，并逐步学习和掌握这些技术。

(4) 能模仿着做一个类似的简易系统。

1.2　小型选课系统演示

选课业务场景是学员比较熟悉的，本书采用小型选课系统作为第一堂课的演示案例，并作为结课的最终设计。该系统具有如下功能：

(1) 登录模块验证用户名和密码，根据不同用户类型，跳转到对应页面。部分程序界面如图 1.1 所示。

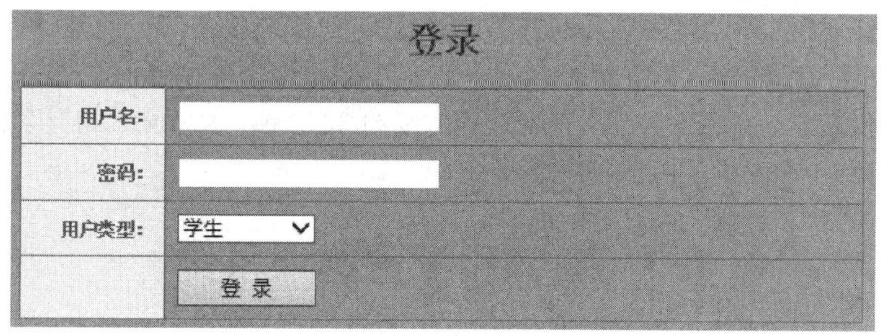

图 1.1　部分程序界面

(2) 系统管理员通过选课时间设置模块，设置选课时间段。

(3) 录入信息模块的使用者是系统管理员，用来录入学生和教师信息，以及录入教学楼、教室等信息。

(4) 开设课程模块的使用者是教师，用来开设必修课程或选修课程。

(5) 编辑课程时间地点模块的使用者是教师，用来设置课程的上课时间与地点。

(6) 评分模块用于教师给选修课程的学生评分。

(7) 查看课程模块包含的功能有查看必修课程、查看选修课程、查看已选课程、查看课程成绩单。

(8) 选课和锁定模块实现选择选修课程和锁定选课信息的功能。

(9) 数据库访问模块用来打通程序和数据库之间的连通性。

(10) 数据库模块承载了程序的逻辑模型和数据仓库。

上述内容如图 1.2 所示。

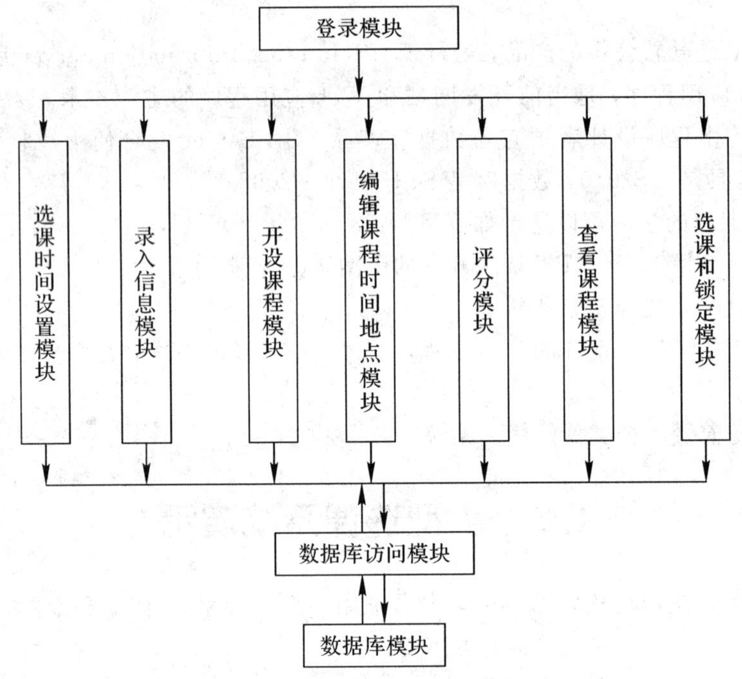

图 1.2 小型选课管理系统功能图

本节的主要任务是安装配置系统，并进行演示以掌握其要点。

教师任务：参考 1.3 节“安装和配置选课系统”，把系统安装部署到教师机或服务器上(工程文件见电子文档“第一章”—“selCourseTest”，数据库文件见电子文档“第一章”—“database”)，提供给学生访问和使用，整个过程持续约 30 分钟，教师全程指导学生使用系统。全真的环境有利于激发学生的学习热情。

1.3 安装和配置选课系统

1.3.1 SQL Server 2008 的安装

SQL Server 2008 的安装步骤如下：

(1) 通过合法渠道获取 SQL Server 2008 的安装包，双击安装文件 setup. exe，显示如图 1.3 所示。

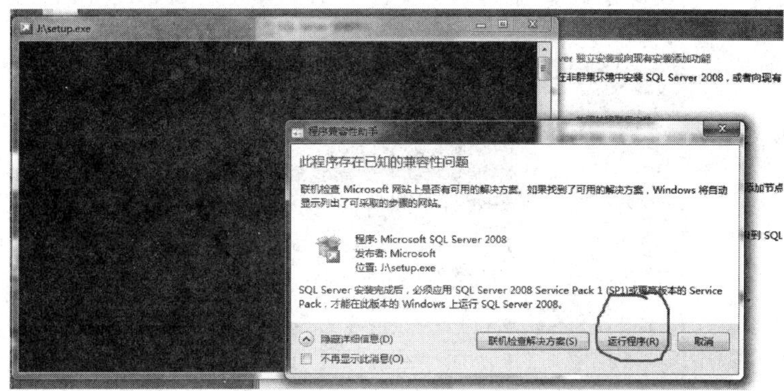

图 1.3　打开 SQL Server 2008 安装界面

(2) 点击框中“运行程序”按钮(见图 1.4)。

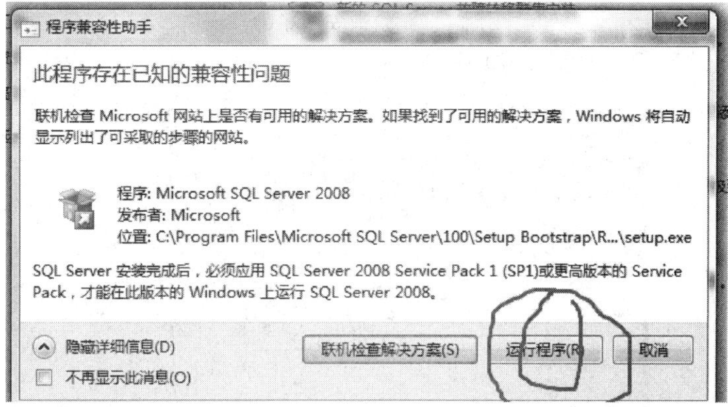

图 1.4　SQL Server 2008 安装界面第二步

(3) 按图 1.5 所示选择安装类型。

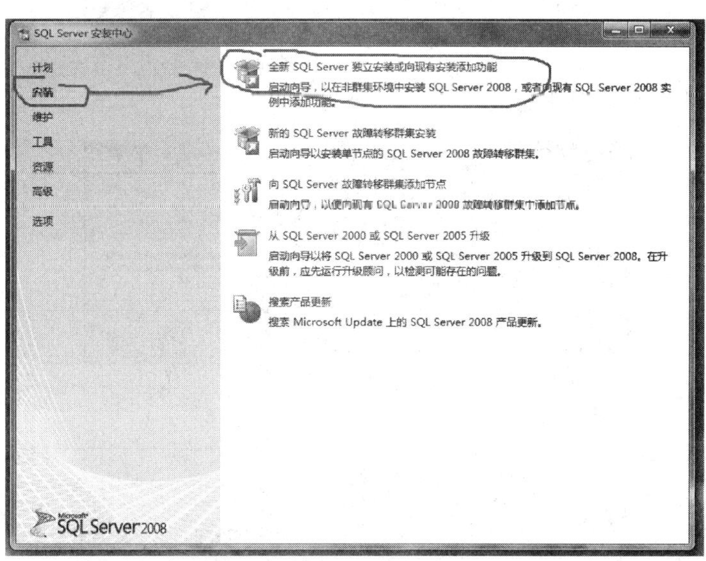

图 1.5　选择安装类型

(4) 按图 1.6 所示验证安装条件。

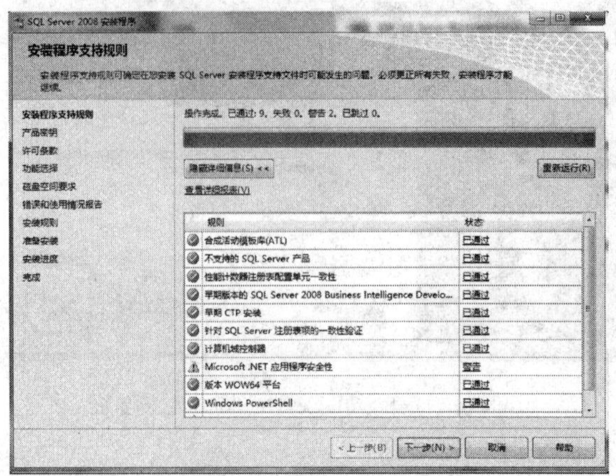

图 1.6 验证安装条件

(5) 输入安装序列码(见图 1.7)。

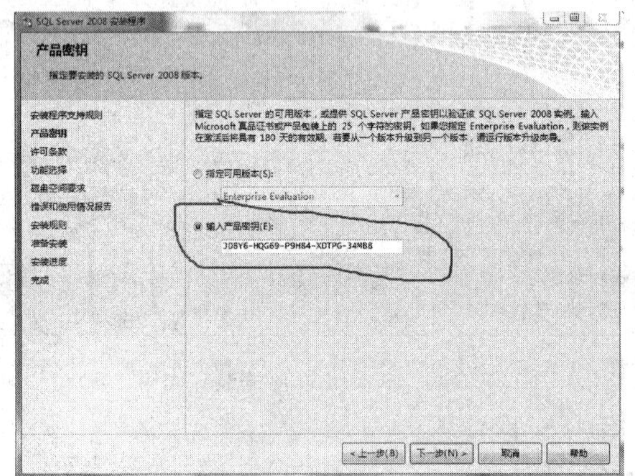

图 1.7 输入安装序列码

(6) 选择需要安装的子功能模块(见图 1.8)。

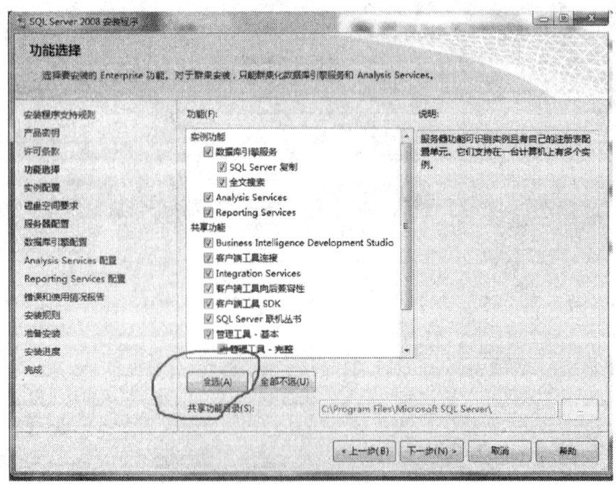

图 1.8 选择需要安装的子模块

（7）选择安装位置（见图 1.9）。

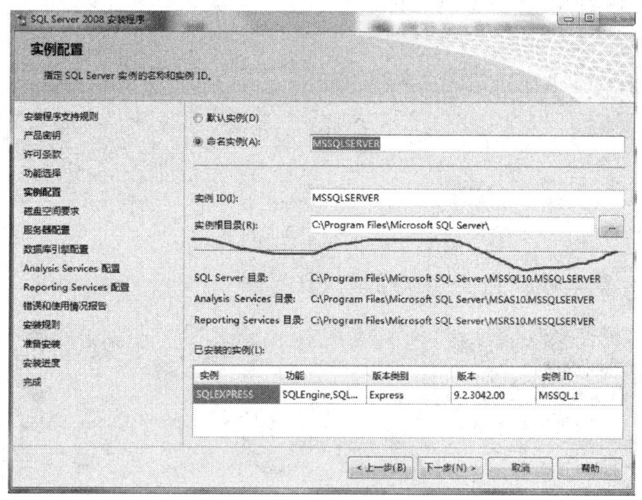

图 1.9　选择安装位置

（8）选择在 Windows 系统中运行的授权账户（见图 1.10）。

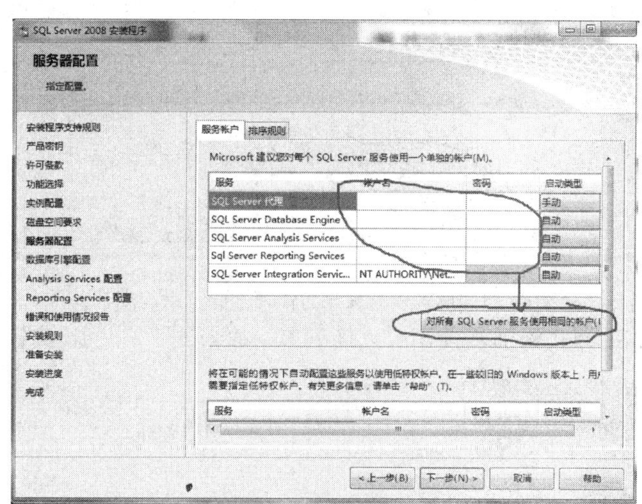

图 1.10　输入 Windows 中的授权账户

（9）这一步是第（8）步的延伸（见图 1.11 和图 1.12）。

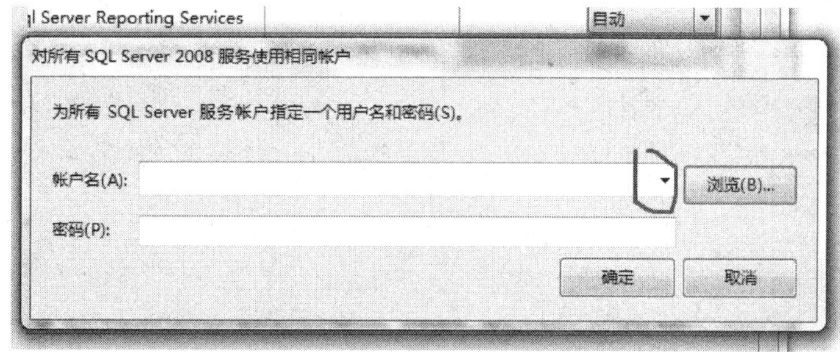

图 1.11　选择账户

对所有 SQL Server 2008 服务使用相同帐户

为所有 SQL Server 服务帐户指定一个用户名和密码(S)。

帐户名(A): NT AUTHORITY\NETWORK SERVICE 浏览(B)...

密码(P):

确定 取消

图 1.12 选择上图所示账户

(10) 设置 SQL 登录模式和 sa 账户的密码(见图 1.13)。

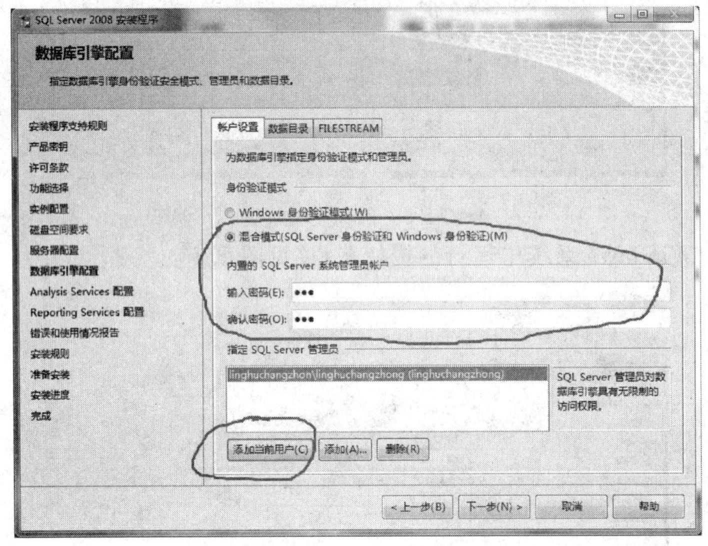

图 1.13 设置登录模式，管理密码及系统账户

然后按照图 1.14 方式添加当前用户，接下来一直点击“下一步”按钮即可完成安装。

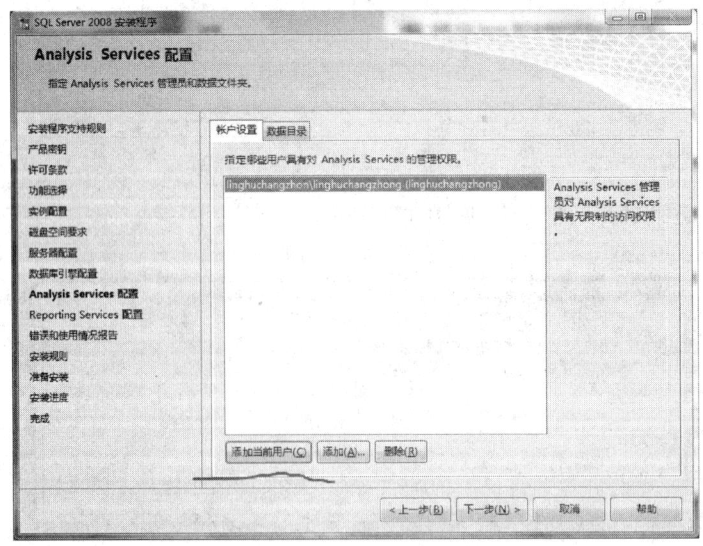

图 1.14 添加当前用户

1.3.2　VS2010 的安装

安装 VS2010 的操作步骤如下：

(1) 通过合法渠道获取 VS2010 安装包。双击 setup.exe 文件安装(见图 1.15)。

图 1.15　VS2010 安装起始页

(2) 进入到安装选择页面，点击“安装 Microsoft Visual Studio 2010”(见图 1.16)。

图 1.16　安装的开始步骤

(3) 进入到安装初始化页面(见图 1.17)，点击“下一步”。

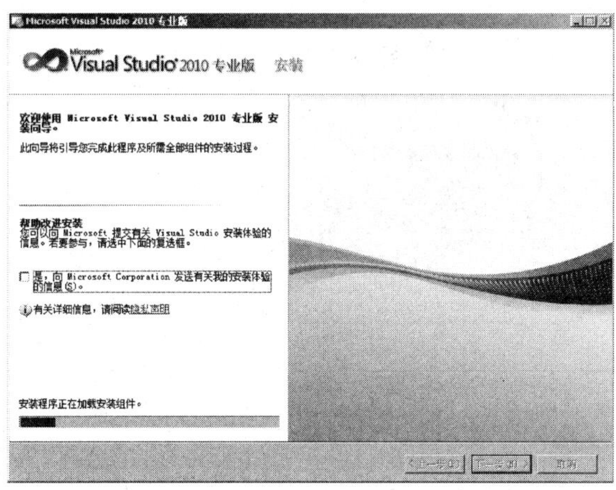

图 1.17　安装前的初始化

(4) 选择“我已阅读并接受许可条款(A)”(见图 1.18)，再点击“下一步”。

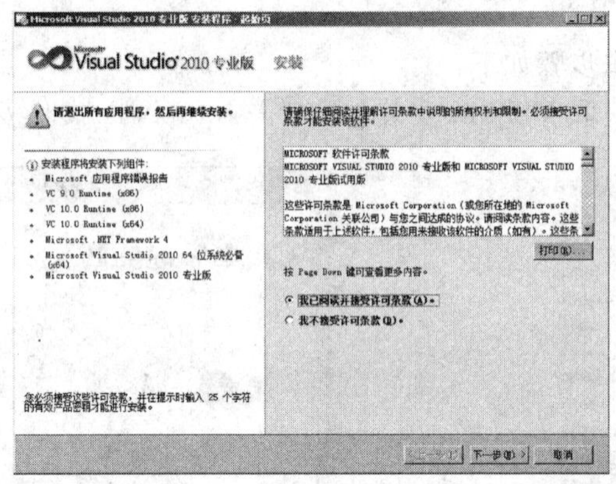

图 1.18　接受许可条件

(5) 选择需要安装的功能(有完全安装和自定义安装两种模式)，然后再选择安装的文件路径(见图 1.19)，再点击“下一步”。

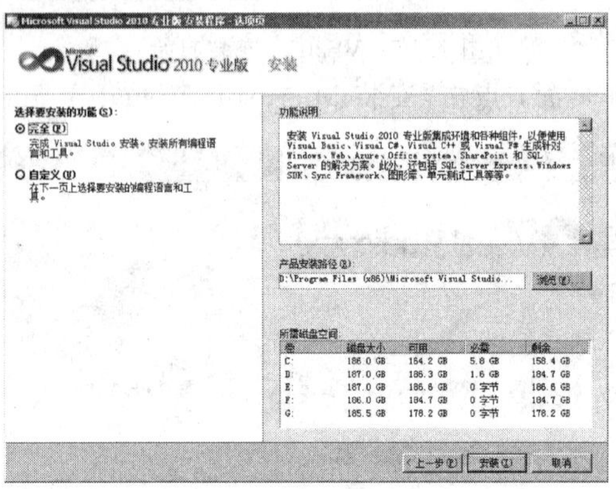

图 1.19　安装类型和安装路径选择

(6) 之后进入到安装组件页面(见图 1.20)，这个过程不用任何操作，等待大致 20 分钟左右，具体情况根据机器的配置而定。最后，即可看到安装完成的页面(见图 1.21)。

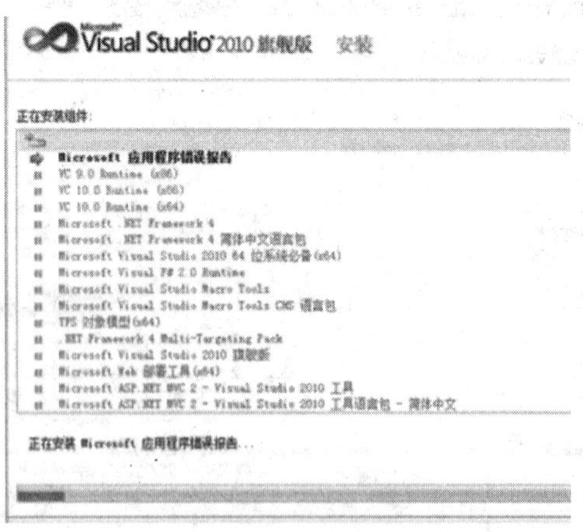

图 1.20　安装进行中

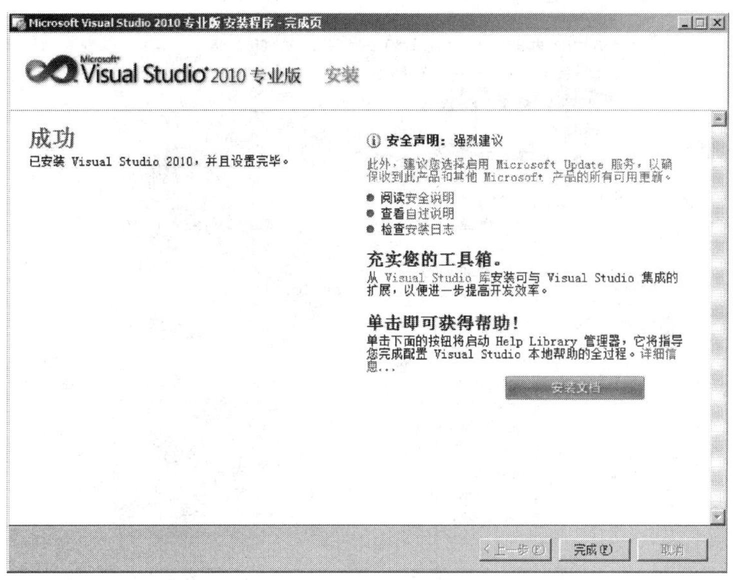

图 1.21 安装成功界面

(7) 安装完毕后，首次启动，系统会提示选择默认环境配置，请选择“Web 开发”并确认(见图 1.22)。

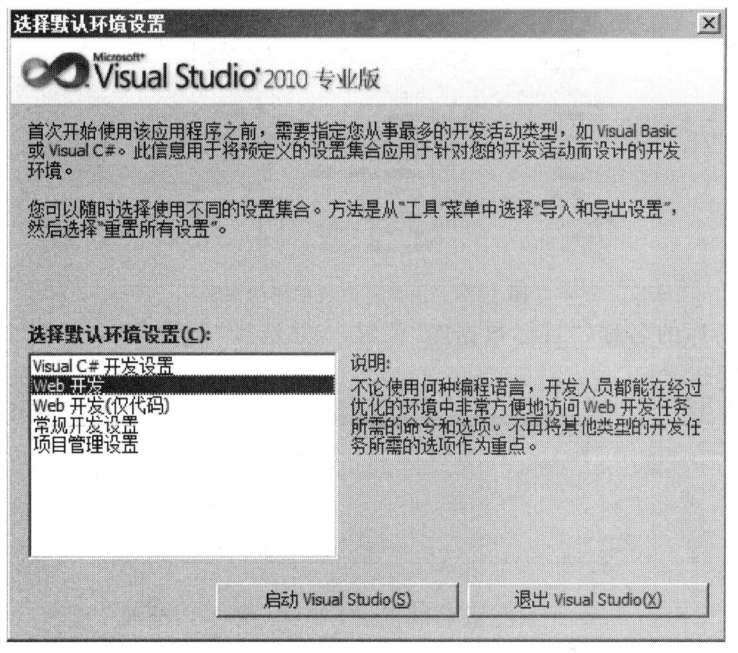

图 1.22 选择默认开发环境

1.3.3 数据库的导入

导入数据库的步骤如下：

(1) 打开安装好的 SQL Server 2008，界面如图 1.23 所示。

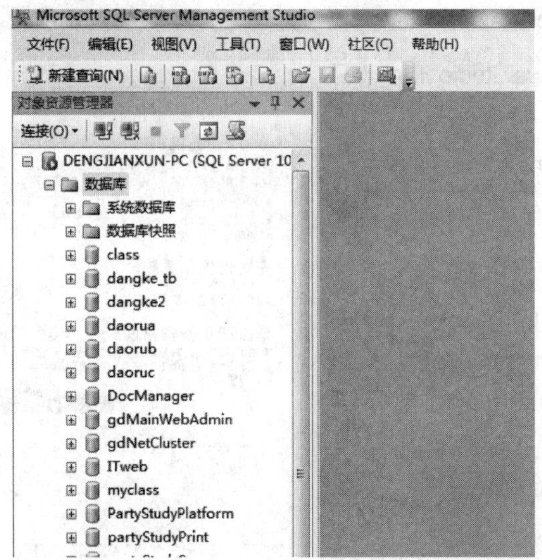

图 1.23　登录 SQL Server 2008 后的界面

(2) 以鼠标右键单击图 1.23 中的“数据库”节点(图中选中部分)，选择“任务”下的“还原”(见图 1.24)。

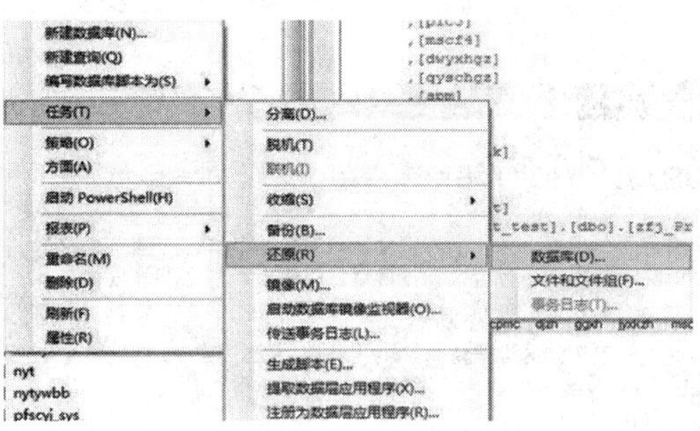

图 1.24　选择还原数据库的来源

(3) 输入新库的名称(“目标数据库”位置)，并选择“源设备”，点击后面的文件选择“…”(见图 1.25)。

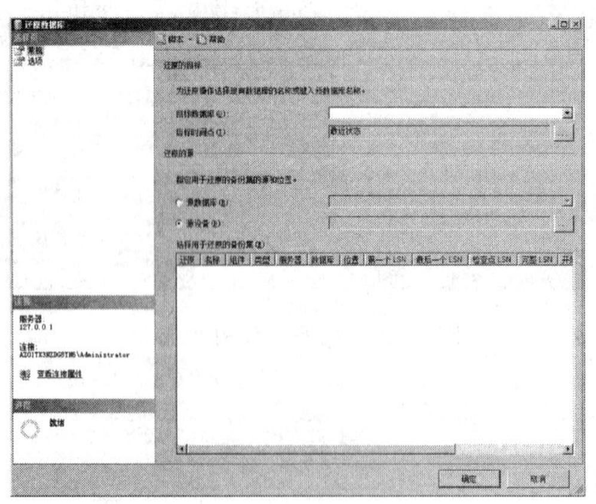

图 1.25　选择还原数据库的位置信息

(4) 添加需要还原的数据库。如图 1.26 所示，选择备份所在介质，接下来选中备份介质上的目标文件并单击“确定”，还原的数据库文件后缀为备份文件(bak)，对于本课程，即为电子文档里“第一章”—“database” 下的 sc.bak 文件(见图 1.27)。

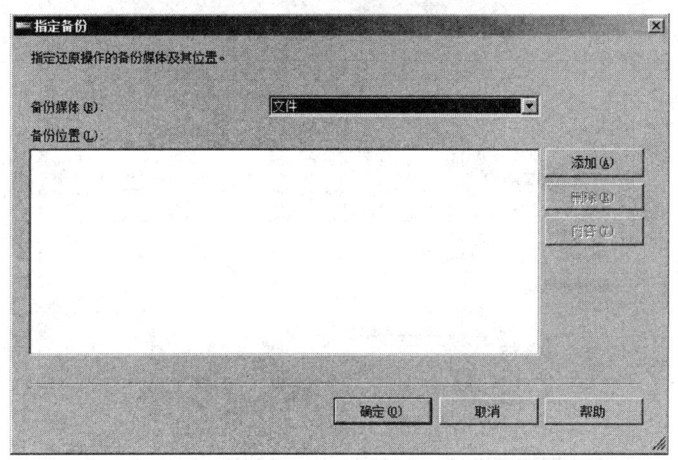

图 1.26　选择备份所在介质

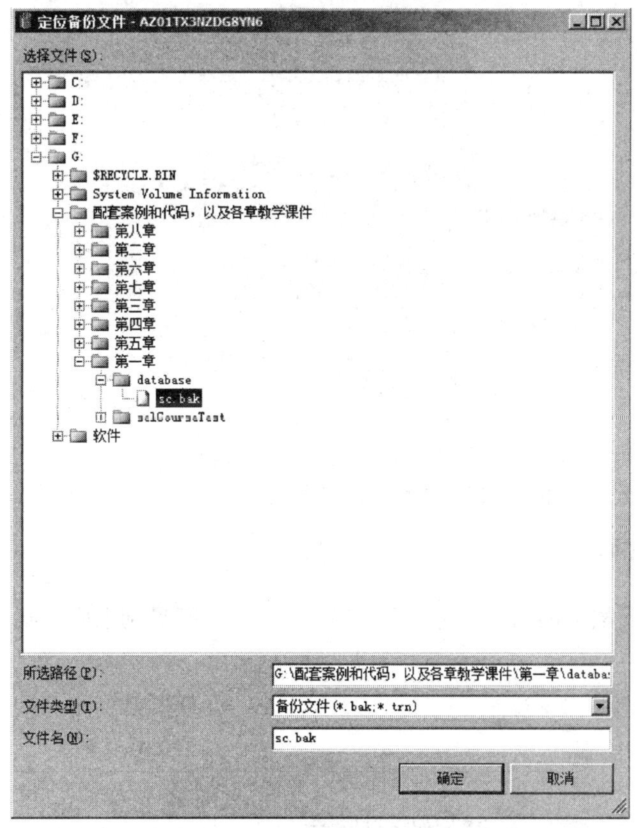

图 1.27　选择备份介质上的文件

(5) 选中添加进来的还原文件，找到左上角上的“选择项”，勾选第一项(覆盖现有数据库)，点击“确定”就可以了，如图 1.28 和图 1.29 所示。

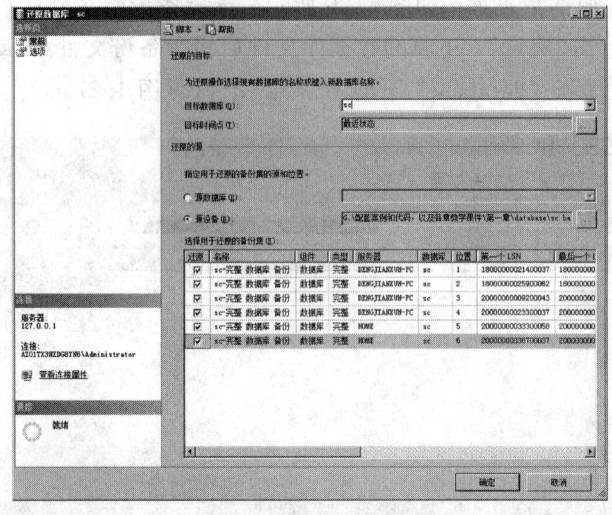

图 1.28　添加还原文件

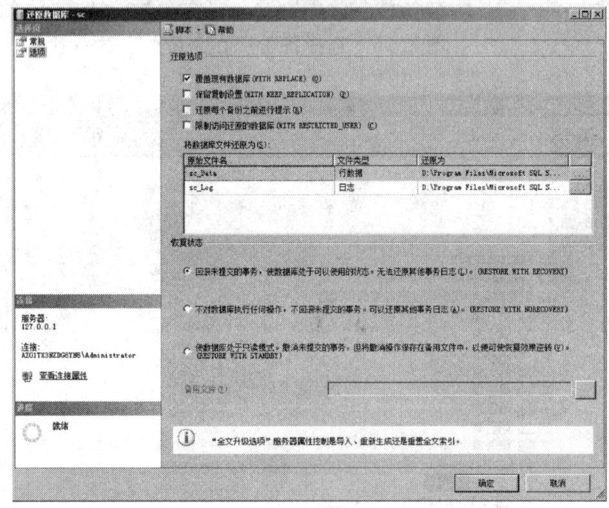

图 1.29　覆盖现有数据库

注意，请记住重新命名的数据库名称以备后用。

1.3.4　工程的迁移

（1）请将电子文档上的工程文件目录“selCourseTest”拷贝到电脑上某个位置（见图 1.30）。

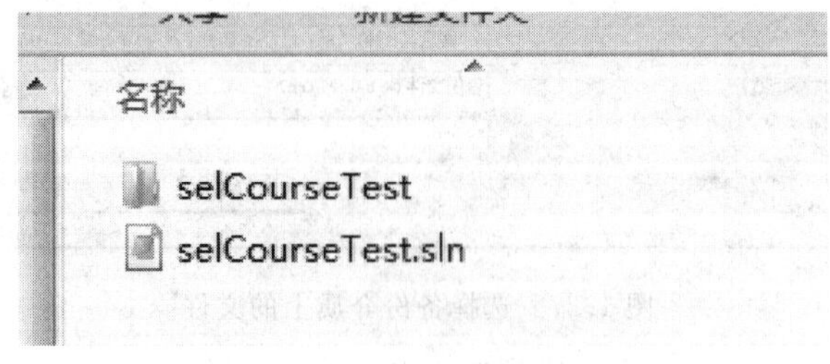

图 1.30　选课系统工程文件

（2）打开“selCourseTest”目录，里面有一个“selCourseTest.sln”工程文件，以及一个同名的“selCourseTest”目录。用 VS2010 打开“selCourseTest.sln”工程文件。打开后 VS2010 界面如图 1.31 所示。

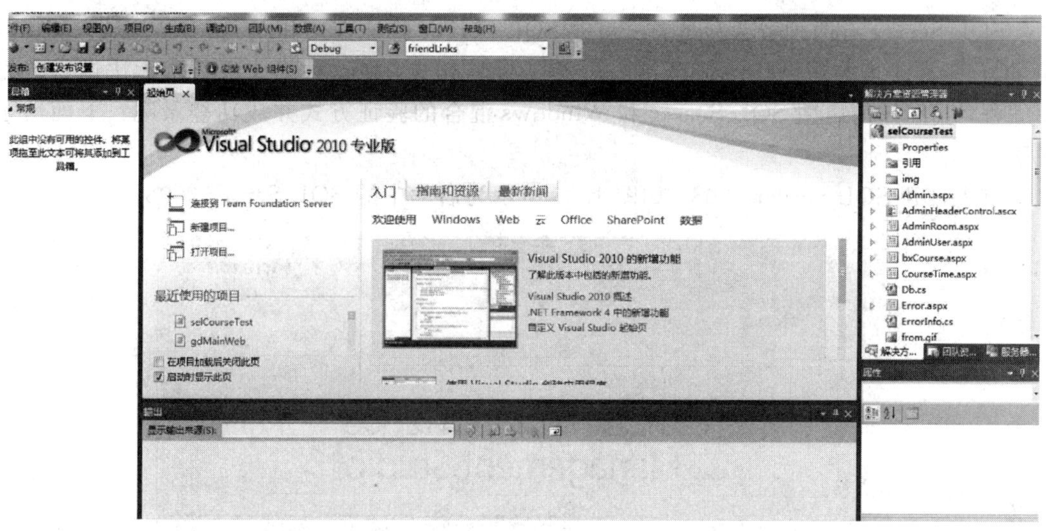

图 1.31　VS2010 打开 selCourseTest 工程后的界面

（3）其中“解决方案资源管理器”视图是重点，这里展示了整个工程下的所有资源文件（见图 1.32）。

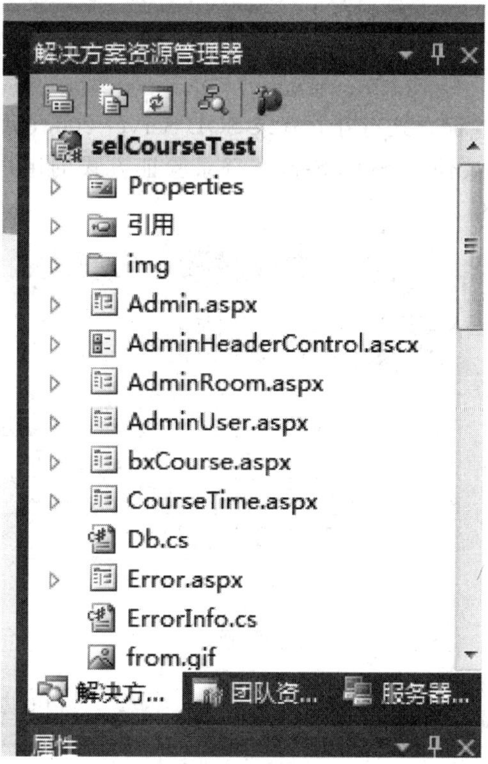

图 1.32　selCourseTest 工程在解决方案资源管理器中的界面

1.3.5 配置及运行工程

1. 设置 SQL Server 混合登录模式

SQL Server 有两种登录验证方式，即 SQL Server 验证方式和 Windows 验证方式，但是 SQL Server 安装后默认的是 Windows 登录验证方式，在这种模式下新手无法进行数据库编程，我们如何启用 SQL Server 和 Windows 混合的验证方式并成功登录呢？下面给予说明。

首先打开 SQL Server 2008，如图 1.33 所示为启动中的 SQL Server 2008。

图 1.33　启动中的 SQL Server 2008

以默认的 Windows 验证方式打开并登录 SQL Server 2008(见图 1.34)，登录后定位到“\安全性\登录名”，选择要使用 SQL Server 登录验证方式的用户(例如 sa)，以右键单击 sa，选择“属性”(见图 1.35)。

图 1.34　SQL Server 2008 的登录窗口

图 1.35　登录 SQL Server 2008 后的资源树界面

打开“属性”窗口后，定位到“常规”选项卡，修改密码为“sa123”并勾选或取消勾选相应复选框选项(见图 1.36)。

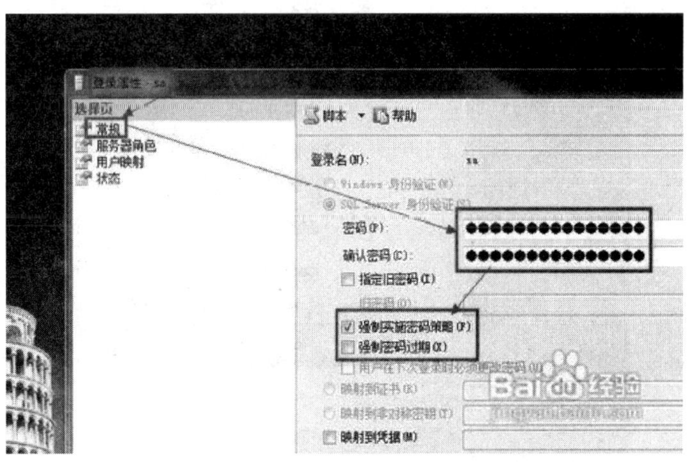

图 1.36　更改 SQL Server 2008 的 sa 账户密码

然后切换到“状态”选项卡，选择“是否允许连接到数据库引擎”为“授予”，“登录”为“启用”，之后点击右下方的“确定”按钮保存退出(见图 1.37)。

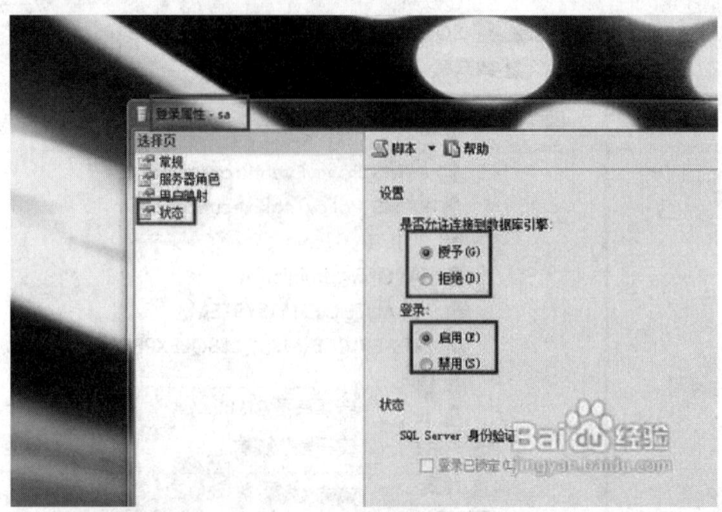

图 1.37　启用 sa 账户的登录

以鼠标右键单击数据库的对象资源管理器的根，在出现的右键菜单中选择“属性”选项(见图 1.38)，之后将出现图 1.39 所示的界面。

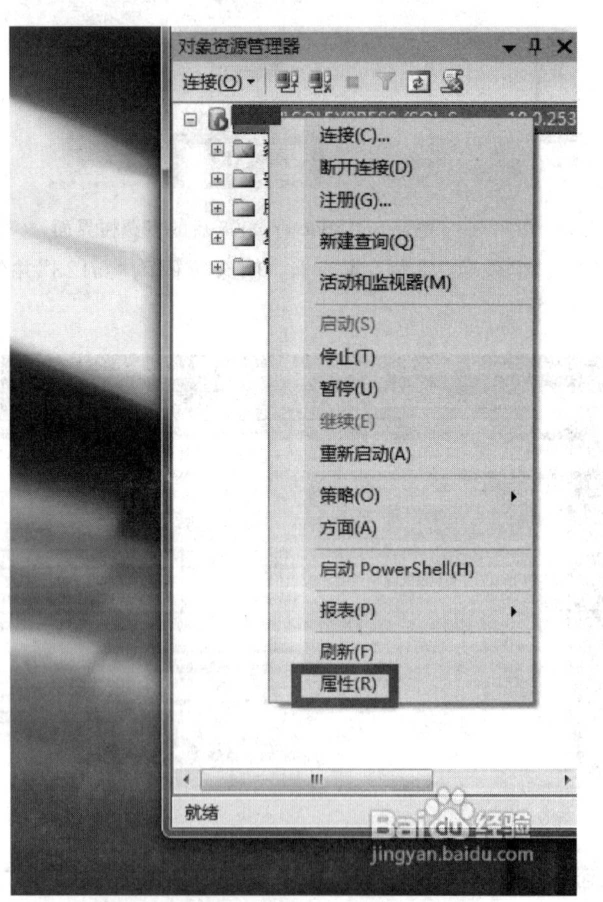

图 1.38　对象资源管理器的根的右键菜单

图 1.39 上图中点击“属性”后出来的服务器属性界面

切换到“安全性”选项卡，在“服务器验证方式”下选择“SQL Server 和 Windows 身份验证模式”，点击“确定”保存并退出(见图 1.40)。

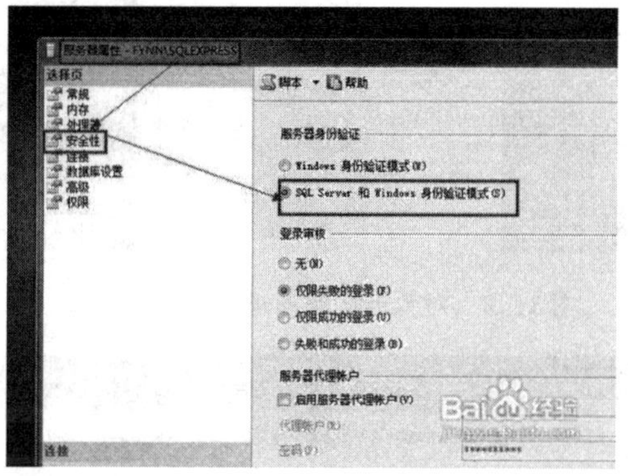

图 1.40 切换服务器身份验证模式为混合

右击连接数据库的登录用户，在出现的右键菜单中选择“停止”选项，停止服务器进程(见图 1.41)，在出现的提示窗体中选择“是”(见图 1.42)。

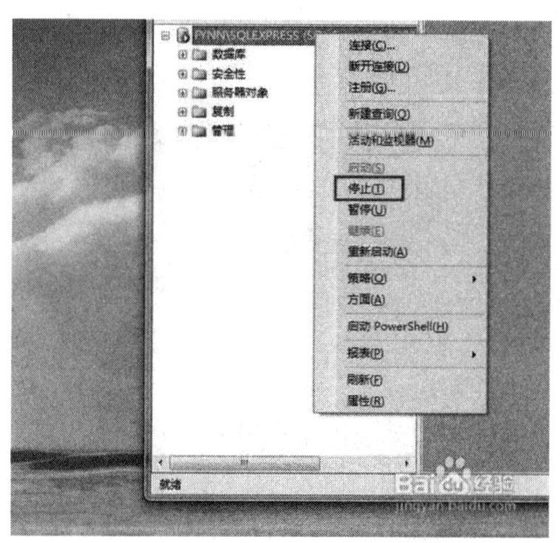

图 1.41 对数据库服务进行停止操作(1)

图 1.42　对数据库服务进行停止操作(2)

当 SQL Server 服务器图标变为黄色的时候，依然以鼠标右键单击它，点击“启动”(见图 1.43)，在出现的提示窗体中选择“是”(见图 1.44)。

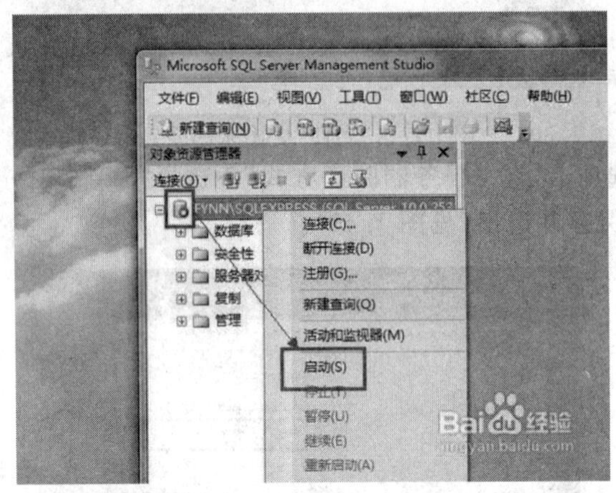

图 1.43　对数据库服务进行启动操作(1)

图 1.44　对数据库服务进行启动操作(2)

关闭 Microsoft SQL Server，重新以 sa 用户登录，便可以成功利用 SQL Server 登录验证方式登录 SQL Server(见图 1.45、图 1.46)。

图 1.45　关闭已经登录的企业管理器窗口

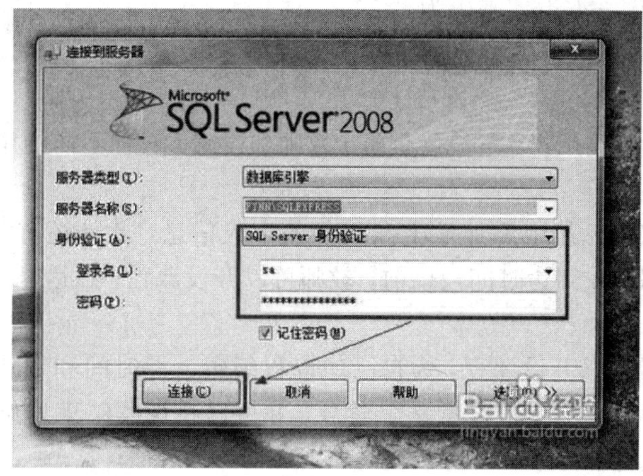

图 1.46 用“SQL Server 身份验证”模式重新登录

2. 修改 web.config 文件

接下来请修改工程的配置，在 VS2010 中打开 selCourseTest 工程，再打开“解决方案资源管理器”中的 web.config 文件，找到其中的<appSettings>节点，找到如下代码：

```
<add key="ConnectionString" value="server=127.0.0.1; uid=sa; pwd=sa123; database=sc"/>
```

把代码中“database=sc”中的 sc 修改为您导入数据库时的数据库名称。

单击图 1.47 中红色圈中的绿色小箭头，运行整个工程。

图 1.47 运行工程

此时即可出现系统登录界面(见图 1.48)。

图 1.48 系统登录界面

3. 根据系统使用说明查看系统

本系统三个不同角色的账号和密码定义如下：

☆ 管理员账号为：admin，密码为：111；

☆ 学生账号为：s01，密码为：111；

☆ 教师账号为：t01，密码为：111。

在本系统中，有三类用户：系统管理员、教师和学生。三种不同的用户所具有的操作权限以及操作内容均不一样。

系统管理员负责向系统中添加学生和教师的个人信息，此外还有教学楼和教室信息；设置一个选课时间段，在到达时间段以前，教师可以开设课程；到达时间段以后，学生可以登录网站选择课程。

教师登录网站后可以开设课程，为自己的课程编辑上课时间和地点。每门课程可以是必修或则选修，教师为每门课程设置一个学分，并可以在课程结束后给予分数，如果学生考试及格，学生将获得该课程的学分。

学生除了选择必修课程外(自动选择)，至少还要选择两门选修课程，选择确认后，学生可以进行信息锁定；如果当前时间超过选课时段后，系统自动锁定学生的选课课程。系统可以根据学生的选课信息，生成一份学生自己的课表。课程结束后学生可登录网站查询成绩与学分。

根据上面的要求，从操作功能上可以分为两类：一类是通用操作，主要实现用户的登录注销和修改密码等功能；另一类是用户功能，是为不同用户定制的不同操作。

1）通用操作

(1) 登录与注销。每个用户都可以用自己的帐号登录系统。用户操作完成后退出系统，注销后可以重新登录系统。

(2) 修改密码。每个用户第一次登录都使用默认密码(教师和学生的帐号一样)。

2）用户功能

(1) 系统管理员的功能如下：

① 设置选课时间段。系统管理员通过此项功能设置选课时段，只有在选课时间段里，学生才可以选择课程，超过此时间段，学生选课信息被自动锁定，不得修改。

② 录入学生与教师个人信息。通过此项功能可以实现对教师和学生个人信息的添加与删除。

③ 录入教学楼教室信息。通过此项功能可以把学校里所有的教学楼与教室的信息录入到系统中，以便教师在开设课程的时候设置上课的教室。

(2) 教师用户的功能如下：

① 显示和修改个人信息。教师用户登录系统后，可以查看和修改教师的个人信息，如姓名、电话、E-mail 地址等。

② 开设课程。教师用户登录系统后，可以开设课程，可以设置该课程为必修课程或选修课程，可以设置该课程的最大人数。教师还可以为该课程设置一个前导课程，若学生没有学习或选择前导课程则不能选择该课程。

③ 编辑上课时间。教师在开设了课程后，可以灵活地设置上课时间和地点。

④ 给学生分数。课程结束后，教师用户登录系统，可以为选择该课程的学生给予相应的成绩，若及格，则给予学生学分。

(3) 学生用户的功能如下：

① 显示和修改个人信息。学生登录系统后，可以查看和修改学生的个人信息，如姓名、性别、电话等。

② 查看必修课程。学生登录后，可以查看所有的必修课程。如可以查看该课程的信息、上课时间地点、开课教师信息等。

③ 选择选修课程。学生登录系统后，在所有选修课程中可以选择至少两门选修课程，同时可以查看相关信息。

④ 锁定选课信息。学生登录系统，确定了所选课程后，可以锁定自己的选课信息，以防被别人或自己不小心修改。

⑤ 查看最终选课信息。学生登录系统后，可列出已选择的课程，若选课信息未被锁定，则可以退选；若所选课程少于两门，则系统会提示选择的课程少于两门。

⑥ 查看学分和成绩。课程结束后，学生登录系统可查看自己所选课程的成绩和已获得的学分。

1.4 开发系统涉及的知识

1. VS2010 开发工具和 C# 语言

Visual Studio 是微软公司推出的开发 ASP.NET 应用程序的工具。Visual Studio 2010 版本(简称 VS2010)于 2010 年 4 月 12 日上市，其集成开发环境(IDE)的界面简单明了。VS2010 能很好地支持 Microsoft SQL Server、IBM DB2 和 Oracle 等主流数据库。

ASP.NET 使用嵌入网页中的脚本，这种脚本由因特网服务器执行，可以在通过HTTP请求文档时再在 Web 服务器上动态创建它们。实际上，它就是 Active Server Pages (动态服务器页面)运行于 IIS(Internet Information Server 服务)之中的程序。

ASP .NET 开发的首选语言是 C# 及 VB .NET，同时也支持多种语言的开发，如表 1.1 所述。

表 1.1 ASP.NET 支持的开发语言

语　言	支持软件	说　明
C#		微软官方支持，推荐
VB .NET		微软官方支持
F#		插件形式支持
Powershell		插件形式支持
Java/J#	J#	微软官方支持
Python	IronPython	开源项目支持
Ruby	IronRuby	开源项目支持
Delphi		第三方公司支持
JScript	JScript	官方支持
Lua	Nua	开源项目支持

ASP. NET 构建的 Web 应用通过浏览器的支持，几乎可运行在全部的平台上。

C# 是微软公司发布的一种面向对象的、运行于.NET Framework 之上的高级程序设计语言，与 Java 有着惊人的相似之处：包括诸如单一继承、接口、与 Java 几乎同样的语法和编译成中间代码再运行的过程。但是 C# 在 Java 的基础上还借鉴了 COM(组件对象模型)直接集成技术，因此它拥有了更丰富的功能，是微软公司.NET Windows 网络框架的主角。如果具有 C 和 Java 语言基础，学习 C# 将会非常容易。

2. HTML、Javascript 和 CSS 语言

(1) HTML 语言。

HTML 语言又叫超文本标记语言，"超文本"就是指页面内可以包含图片、链接，甚至音乐、程序等非文字元素。超文本标记语言的结构包括"头"部分(Head)、和"主体"部分(Body)，其中"头"部分提供关于网页的信息，"主体"部分提供网页的具体内容。

超级文本标记语言文档的制作不是很复杂，但其功能强大，支持不同数据格式的文件镶入，这也是万维网(WWW)盛行的原因之一，其主要特点如下：

☆ 简易性。超级文本标记语言简单易学，没有太多复杂规则。

☆ 可扩展性。采取子类元素的方式，为系统扩展带来保证。

☆ 平台无关性。超级文本标记语言可以在多种平台下使用，只要对应平台的浏览器能上网即可。

☆ 通用性。HTML 是网络的通用语言。

(2) Javascript。

Javascript 是一种属于网络的脚本语言，广泛用于 Web 开发，常用来为网页客户端添加各式各样的动态功能。Javascript 脚本是通过嵌入在 HTML 中来实现自身的功能的，特点如下：

☆ Javascript 是一种解释性脚本语言(代码不进行预编译)。

☆ Javascript 主要用来向 HTML(标准通用标记语言下的一个应用)页面添加交互行为。

☆ Javascript 可以直接嵌入 HTML 页面，也可以写成单独的 js 文件，这样有利于结构和行为的分离。

☆ Javascript 具有跨平台特性，在绝大多数浏览器的支持下，可以在多种平台下运行(如 Windows、Linux、Mac、Android、iOS 等)。

Javascript 脚本语言同其他语言一样，有它自身的基本数据类型，表达式和算术运算符及基本程序框架。Javascript 提供了四种基本的数据类型和两种特殊数据类型用来处理数据和文字。变量用来存放信息，表达式则可以完成较复杂的信息处理。

(3) CSS 语言。

CSS 通常用于 Web 应用的用户界面美工设计。目前最新版本为 CSS3，是能够真正做到网页表现与内容分离的一种样式设计语言。相对于传统 HTML 的表现而言，CSS 能够对网页中的对象的位置排版进行像素级的精确控制，支持几乎所有的字体字号样式，拥有对网页对象和模型样式的编辑能力，并能够进行初步交互设计，是目前基于文本展示最优秀的表现设计语言。

3. SQL 语言和 SQL Server 2008 工具软件

结构化查询语言 SQL(Structured Query Language)是最重要的关系数据库操作语言，并且它的影响已经超出数据库领域，得到其他领域的重视和广泛应用，如人工智能领域的数据检索，第四代软件开发工具中嵌入 SQL 的语言等。

SQL Server 2008 是由 Microsoft 开发和推广的关系数据库管理系统(DBMS)，具有如下特点：

☆ 真正的客户机/服务器体系结构。

☆ 图形化用户界面，使系统管理和数据库管理更加直观、简单。

☆ 丰富的编程接口工具，为用户进行程序设计提供了更大的选择余地。

☆ SQL Server 与 Windows 完全集成，利用了 Windows 的许多功能，如发送和接受消息，管理登录安全性等。

☆ 对 Web 技术的支持，使用户能够很容易地将数据库中的数据发布到 Web 页面上。

☆ SQL Server 提供数据仓库功能。

1.5 课堂练习

学生按照教材指示动手配置工程，并在本机运行。(教室机器预先安装好 VS2010 和 SQL Server 2008)。教师进行现场疑难解答。

第二章　HTML、Javascript 和 CSS 基础

要把演示系统开发出来，有不少需学习的知识。本章从最基础的内容开始。知识包括 HTML、Javascript 和 CSS。

2.1　HTML 基础

2.1.1　概述

HTML 是一种标记语言，使用 HTML 标签来描述网页。

HTML 标签是由尖括号包围的关键词，如<html>；大部分 HTML 标签是成对出现的，如<p>和</p>；标签对中的第一个标签是开始标签，第二个标签是结束标签。也有少部分是单个标签，如换行符
。

HTML 文档就是网页，它包含 HTML 标签和内容。HTML 标签不会显示在浏览器中，只在后台起到解释作用。

下面是一个简单的案例，把代码敲击到空白文本文件中，将该文本文件的后缀从. txt 修改为. htm。然后通过浏览器打开它查看效果。代码如下：

```
<html>
<head>
  <title>我的第一个网页</title>
</head>
<body>
  <h1>My First Heading</h1>
  <p>My first paragraph. </p>
</body>
</html>
```

说明：

(1) <html> 与 </html> 之间的文本描述网页；

(2) <head> 与 </head> 是网页头部信息标签；

(3) <title> 与 </ title > 必须放在头部，用来在网页左上角显示标题；

(4) <body> 与 </body> 之间的文本是可见的页面内容；

(5) <h1> 与 </h1> 之间的文本被显示为标题；

(6) <p> 与 </p> 之间的文本被显示为段落。

2.1.2　常见的标签介绍

(1) <html> 元素，这是网页全局框架，如下所示：

```
<html>
<body>
<p>This is my first paragraph. </p>
</body>
</html>
```

<html>元素定义整个 HTML 文档。元素拥有一个开始标签<html>及一个结束标签</html>。元素内容是<body>标签。

(2) <body> 元素，这是网页的主体，如下所示：

```
<body>
<p>This is my first paragraph. </p>
</body>
```

<body>元素定义了 HTML 文档的主体。元素拥有一个开始标签<body>及一个结束标签</body>。元素内容是另一个 HTML 元素(p 元素)。

(3) <head> 元素，这是网页的头部。

<head>元素是所有头部元素的容器。<head>内的元素可包含脚本，指示浏览器在何处可以找到样式表，提供元信息等等。在 HTML 文档中，<head>与<body>平级，二者都是<html>的下级。以下标签都可以添加到 head 部分：<title>、<base>、<link>、<meta>、<script> 以及 <style>。如下：

```
<html>
<head></head>
<body>
<p>This is my first paragraph. </p>
</body>
</html>
```

(4) <title> 元素，这是网页的标题。

<title>标签定义文档的标题。它能够定义浏览器工具栏中的标题；提供页面被添加到收藏夹时显示的标题；显示在搜索引擎中搜索结果的页面标题。一个简化的 HTML 文档如下：

```
<html>
<head><title>Title of the document</title></head>
<body>
The content of the document...
</body>
</html>
```

(5) <p> 元素，由此引入段落，如下所示：

```
<p>This is my first paragraph. </p>
```

<p>元素定义了 HTML 文档中的一个段落，拥有一个开始标签<p>，以及一个结束标签</p>。元素内容是：This is my first paragraph。

(6) <h1> ～<h6>元素，由此引入标题。

<h1> ～ <h6>等标签定义了标题 1 直到标题 6 的文字大小和样式。实例如下：

```
<h1>This is a heading</h1>
```

```
<h2>This is a heading</h2>
<h3>This is a heading</h3>
```

(7) <a>元素，由此引入超级链接。

HTML 超级链接是通过<a>标签定义的。实例如下：

```
<a href="http://www.baidu.com">百度搜索</a>
```

(8) <img>元素，由此引入图像。

HTML 图像是通过<img>标签定义的。实例如下：

```
<img src="test.jpg" width="104" height="142" />
```

注意：此处需要在网页的同一个目录下准备一张名为"test.jpg"的图像。

(9) <table>元素，由此引入表格。

表格由<table>标签定义。<tr></tr>标签定义表格内的行，行内由<td></td>标签定义列。单元格内的数据填写到<td></td>中。数据单元格的内容可以包含网页控件、文本、图片、列表、段落、表单、水平线、表格等等。代码如下：

```
<table border="1">
<tr>
<td>row 1, cell 1</td>
<td>row 1, cell 2</td>
</tr>
<tr>
<td>row 2, cell 1</td>
<td>row 2, cell 2</td>
</tr>
</table>
```

在浏览器中显示如下：

row 1, cell 1	row 1, cell 2
row 2, cell 1	row 2, cell 2

如果不定义边框属性，表格将不显示边框。有时这很有用，但是大多数时候，我们希望显示边框。使用边框属性 border 来显示一个带有边框的表格的代码如下：

```
<table border="1">
<tr>
<td>Row 1, cell 1</td>
<td>Row 1, cell 2</td>
</tr>
</table>
```

表格的表头使用 <th> 标签进行定义。大多数浏览器会把表头显示为粗体居中的文本，代码如下：

```
<html>
<head></head>
<body>
<table border="1">
```

```
<tr>
<th>Heading</th>
<th>Another Heading</th>
</tr>
<tr>
<td>row 1, cell 1</td>
<td>row 1, cell 2</td>
</tr>
<tr>
<td>row 2, cell 1</td>
<td>row 2, cell 2</td>
</tr>
</table>
</body>
</html>
```

在浏览器中显示如下：

Heading	Another Heading
row 1，cell 1	row 1，cell 2
row 2，cell 1	row 2，cell 2

(10) <ul>元素，由此引入无序列表。

无序列表是一个项目的列表，此列项目使用粗体圆点(典型的小黑圆圈)进行标记。无序列表始于 <ul> 标签。每个列表项始于 <li>标签，如下所示：

```
<ul>
<li>Coffee</li>
<li>Milk</li>
</ul>
```

在浏览器中显示如下：

- Coffee
- Milk

列表项内部可以使用段落、换行符、图片、链接以及其他列表等。

(11) <ol>元素，由此引入有序列表。

有序列表也是一列项目，列表项目使用数字进行标记。有序列表始于 <ol> 标签。每个列表项始于 <li> 标签。如下所示：

```
<ol>
<li>Coffee</li>
<li>Milk</li>
</ol>
```

在浏览器中显示如下：

1. Coffee
2. Milk

列表项内部可以使用段落、换行符、图片、链接以及其他列表等。

(12) <dl>元素，由此引入自定义列表。

自定义列表不仅仅是一列项目，而是项目及其注释的组合。自定义列表以 <dl> 标签开始，每个自定义列表项以 <dt> 开始，每个自定义列表项的定义以 <dd> 开始，如下所示：

```
<dl>
<dt>Coffee</dt>
<dd>Black hot drink</dd>
<dt>Milk</dt>
<dd>White cold drink</dd>
</dl>
```

在浏览器中显示如下：

```
Coffee
        Black hot drink
Milk
        White cold drink
```

定义列表的列表项内部可以使用段落、换行符、图片、链接以及其他列表等。

2.1.3 网页布局

(1) <div>元素，用于页面布局。

div 元素是用于分组 HTML 元素的块级元素。下面的例子使用五个 div 元素来创建多列布局：

```
<html>
  <head>
    <style type="text/css">
    div#container{width:500px}
    div#header {background-color:#99bbbb;}
    div#menu {background-color:#ffff99; height:200px; width:100px; float:left;}
    div#content {background-color:#EEEEEE; height:200px; width:400px; float:left;}
    h1 {margin-bottom:0;}
    h2 {margin-bottom:0; font-size:14px;}
    ul {margin:0;}
    li {list-style:none;}
  </style>
</head>
<body>
  <div id="container">
  <div id="header">
    <h1>Main Title of Web Page</h1>
  </div>
  <div id="menu">
    <h2>Menu</h2>
```

```
    <ul>
      <li>HTML</li>
      <li>CSS</li>
      <li>JavaScript</li>
    </ul>
  </div>
  <div id="content">Content goes here</div>
</body>
</html>
```

上面的 HTML 代码会产生如图 2.1 所示的结果。

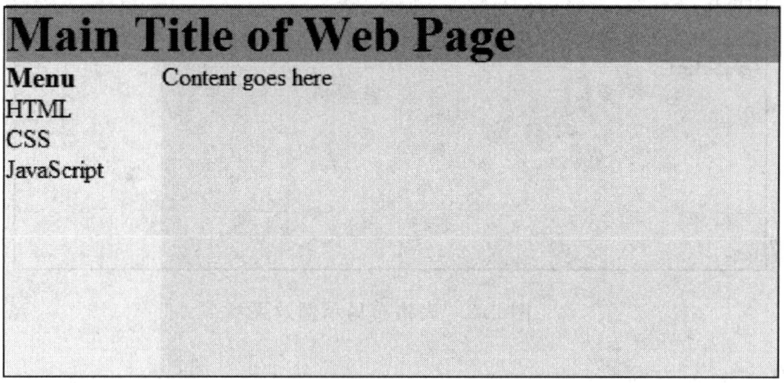

图 2.1　网页布局示例效果

(2) 使用表格进行布局。

使用 HTML<table>标签是创建布局的一种简单的方式。可以使用<table>元素来创建多列。CSS 用于对元素进行定位，或者为页面创建背景以及色彩丰富的外观。

下面的例子使用三行两列的表格，其中第一和最后一行使用 colspan 属性来横跨两列，如图 2.2 所示为该表格布局示例效果。

```
<html>
<body>
<table width="500" border="0">
  <tr>
    <td colspan="2" style="background-color:#99bbbb;">
      <h1>Main Title of Web Page</h1>
    </td>
  </tr>
  <tr valign="top">
    <td style="background-color:#ffff99; width:100px; text-align:top;">
      <b>Menu</b><br />
      HTML<br />
      CSS<br />
      JavaScript
    </td>
```

```
    <td style="background-color: #EEEEEE; height:200px; width:400px; text-align:top; ">
      Content goes here
    </td>
  </tr>
</table>
</body>
</html>
```

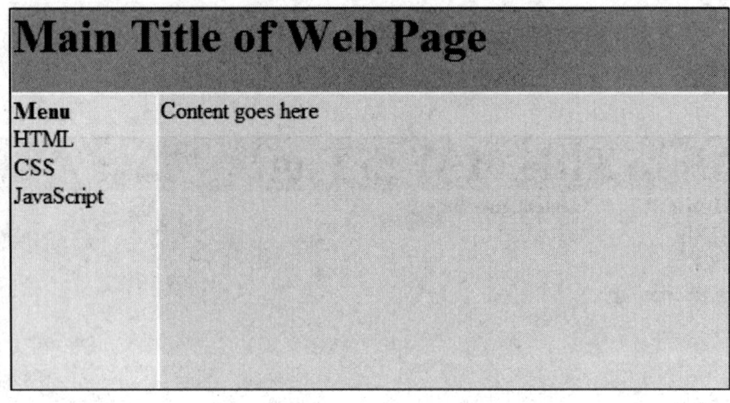

图 2.2 表格布局示例效果

2.1.4 表单

表单是一个包含表单元素的区域。表单元素是允许用户在表单中(比如文本域、下拉列表、单选框、复选框等)输入信息的元素。

表单使用表单标签(<form>)定义，如下所示：

```
<form>
...
</form>
```

1) 输入

多数情况下被用到的表单标签是输入标签(<input>)。输入类型是由类型属性(type)定义的。大多数经常被用到的输入类型如下：

(1) 文本域(Text Fields)。当用户要在表单中键入字母、数字等内容时，就会用到文本域。如下所示：

```
<form>
First name:
<input type="text" name="firstname" />
<br />
Last name:
<input type="text" name="lastname" />
</form>
```

在浏览器中显示如图 2.3 所示。

注意，表单本身并不可见。同时，在大多数浏览器中，文本域的缺省宽度是 20 个字符。

图 2.3　文本框效果图

(2) 单选按钮(Radio Buttons)。当用户从若干给定的选择中选取其一时，就会用到单选框。如下所示：

```
<form>
<input type="radio" name="sex" value="male" /> Male
<br />
<input type="radio" name="sex" value="female" /> Female
</form>
```

在浏览器中显示如图 2.4 所示。

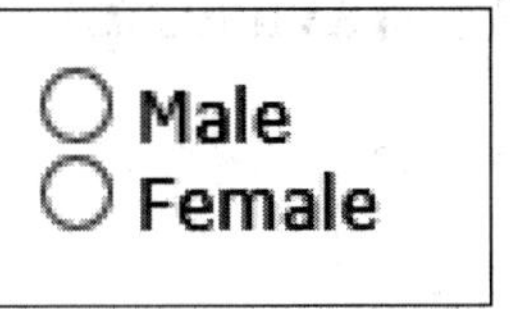

图 2.4　单选按钮效果图

注意：只能从中选取其一。

(3) 复选框(Checkboxes)。当用户需要从若干给定的选择中选取一个或若干选项时，就会用到复选框。如下所示：

```
<form>
<input type="checkbox" name="bike" />
    I have a bike
<br />
<input type="checkbox" name="car" />
I have a car
</form>
```

在浏览器中显示如图 2.5 所示。

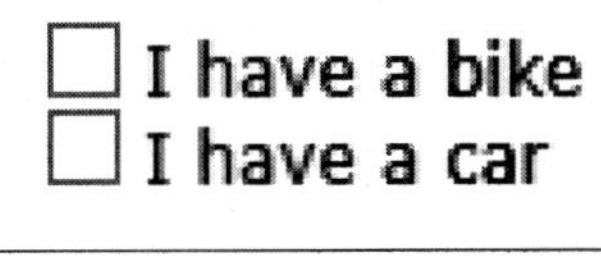

图 2.5　复选框效果图

2) 表单的动作属性(Action)和确认按钮

当用户单击确认按钮时，表单的内容会被传送到另一个文件。表单的动作属性定义了目的文件的文件名。由动作属性定义的这个文件通常会对接收到的输入数据进行相关的处理。如下所示：

```
<form name="input" action="xxx.aspx" method="get">
Username:
<input type="text" name="user" />
<input type="submit" value="Submit" />
</form>
```

在浏览器中显示如图 2.6 所示。

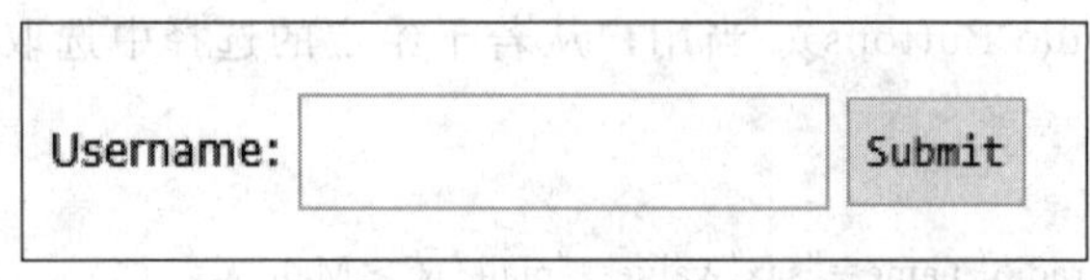

图 2.6　按钮效果图

假如您在上面的文本框内键入几个字母，然后点击确认按钮，那么输入数据会传送到“xxx.aspx”的页面。由 xxx.aspx 页面负责处理输入的数据。

2.2　Javascript 基础

2.2.1　基本语法

1. 变量

Javascript 变量可用于存放值(比如 x=2)和表达式(比如 z=x+y)。变量可以使用短名称(比如 x 和 y)，也可以使用描述性更好的名称(比如 age，sum，totalvolume)。变量规定如下：

☆ 变量必须以字母开头；

☆ 变量也能以 $ 和_符号开头(不过我们不推荐这么做)；

☆ 变量名称对大小写敏感(y 和 Y 是不同的变量)。

2. Javascript 数据类型

Javascript 变量还能保存其他数据类型，比如文本值 (name=“Tom”)。在 Javascript 中，类似“Tom”这样的文本被称为字符串。Javascript 变量有很多种类型，本章只关注数字和字符串。当向变量分配文本值时，应用双引号或单引号引起这个值。当向变量赋的值是数值时，不要使用引号，如果用引号引起数值，该值会被作为文本来处理。举例如下：

```
var pi=3.14;
var name="Tom";
var answer='Yes I am!';
```

3. 声明(创建)Javascript 变量

在 Javascript 中创建变量通常使用 var 关键词，如下所示：

```
var carname;
```

变量声明之后，该变量是空的(它没有值)。如需向变量赋值，请使用等号，如下所示：

```
carname="Volvo";
```

也可以在声明变量时对其赋值，如下所示：

```
var carname="Volvo";
```

4. 选择结构

(1) if 语句。当指定条件为 true 时，该语句才会执行代码。语法如下：

```
if (条件)
{
  只有当条件为 true 时执行的代码
}
```

注意：请使用小写的 if。使用大写字母(IF)会报错。

(2) switch 语句。请使用 switch 语句来选择要执行的多个代码块之一。语法如下：

```
switch(n)
{
case 1:
  执行代码块 1
  break;
case 2:
  执行代码块 2
  break;
default:
  n 与 case 1 和 case 2 不同时执行的代码
}
```

工作原理：首先设置表达式 n(通常是一个变量)。随后表达式的值会与结构中的每个 case 的值做比较。如果匹配，则与该 case 关联的代码块会被执行。使用 break 来阻止代码自动地向下一个 case 运行。

5. 循环结构

(1) for 循环。for 循环是创建循环时常用的工具。for 循环的语法如下：

```
for (语句 1; 语句 2; 语句 3)
{
  被执行的代码块
}
```

语句 1 在循环(代码块)开始前执行；语句 2 定义运行循环(代码块)的条件；语句 3 在循环(代码块)已被执行之后执行。示例如下：

```
for (var i=0; i<5; i++)
{
  x=x + "The number is " + i + "<br>";
}
```

(2) while 循环。while 循环会在指定条件为真时循环执行代码块。语法如下：

```
while (条件)
{
  需要执行的代码
}
```

只要变量 i 小于 5，下例中的循环将继续运行：

```
while (i<5)
{
  x=x + "The number is " + i + "<br>";
  i++;
}
```

(3) do/while 循环。do/while 循环是 while 循环的变体。在检查条件是否为真之前，该循环会执行一次代码块；如果条件为真的话，就会重复这个循环。语法如下：

```
do
{
  需要执行的代码
}
while (条件);
```

下列语句使用 do/while 循环。该循环至少会执行一次，即使条件是 false，括号内的代码块会在条件被检查前执行一次：

```
do
{
  x=x + "The number is " + i + "<br>";
  i++;
}
while (i<5);
```

6. break 语句

之前的案例中，break 语句用于跳出 switch 语句。同理，break 语句可用于跳出循环。break 语句跳出循环后，会继续执行该循环之后的代码(如果有的话)，示例如下：

```
for (i=0; i<10; i++)
{
  if (i==3)
  {
    break;
  }
  x=x + "The number is " + i + "<br>";
}
```

2.2.2 几个小案例

案例 1：点击事件。

```
<html>
<body>
<h1>我的第一段 JavaScript</h1>
<p>
JavaScript 能够对事件作出反应。比如对按钮的点击：
</p>
```

```
<button type="button" onclick="alert('Welcome!')">点击这里</button>
</body>
</html>
```

案例 2：改变文字。

```
<html>
<body>
<h1>我的第一段 JavaScript</h1>
<p id="demo">
JavaScript 能改变 HTML 元素的内容。
</p>
<script>
function myFunction()
{
    x=document.getElementById("demo");     //找到元素
    x.innerHTML="Hello JavaScript!";       //改变内容
}
</script>
<button type="button" onclick="myFunction()">点击这里</button>
</body>
</html>
```

案例 3：灯泡开关事件。

```
<html>
<body>
<script>
function changeImage()
{
  element=document.getElementById('myimage')
  if (element.src.match("bulbon"))
  {
    element.src="eg_bulboff.gif";
  }
  else
  {
    element.src="eg_bulbon.gif";
  }
}
</script>
<center>
<img id="myimage" onclick="changeImage()" src="eg_bulboff.gif">
<p>点击灯泡来点亮或熄灭这盏灯</p>
</center>
</body>
</html>
```

2.2.3 在页面上嵌入 Javascript

HTML 中的 Javascript 脚本必须位于<script>与</script>标签之间。脚本可被放置在 HTML 页面的<body>和<head>部分中，或作为独立文件放到网页外部。如下所示：

```
<script>
alert("My First JavaScript");
</script>
```

1. <head>中的 Javascript 函数

下列代码中，一个 Javascript 函数放置到 HTML 页面的<head>部分，该函数会在点击按钮时被调用：

```
<html>
<head>
<script>
function myFunction()
{
    document.getElementById("demo").innerHTML="My First JavaScript Function";
}
</script>
</head>
<body>
<h1>My Web Page</h1>
<p id="demo">A Paragraph</p>
<button type="button" onclick="myFunction()">Try it</button>
</body>
</html>
```

2. <body> 中的 Javascript 函数

这个案例中，我们把一个 Javascript 函数放置到 HTML 页面的<body>部分，该函数会在点击按钮时被调用，代码如下：

```
<html>
<body>
<h1>My Web Page</h1>
<p id="demo">A Paragraph</p>
<button type="button"onclick="myFunction()">Try it</button>
<script>
function myFunction()
{
    document.getElementById("demo").innerHTML="My First JavaScript Function";
}
</script>
</body>
</html>
```

3. 外部的 Javascript

可以把脚本保存到外部文件中。外部文件通常包含被多个网页使用的代码，是一种通用代码的开发方法。外部 Javascript 文件的文件扩展名是“.js”，可以通过向.net 工程中添加新项来制作，如图 2.7 所示。

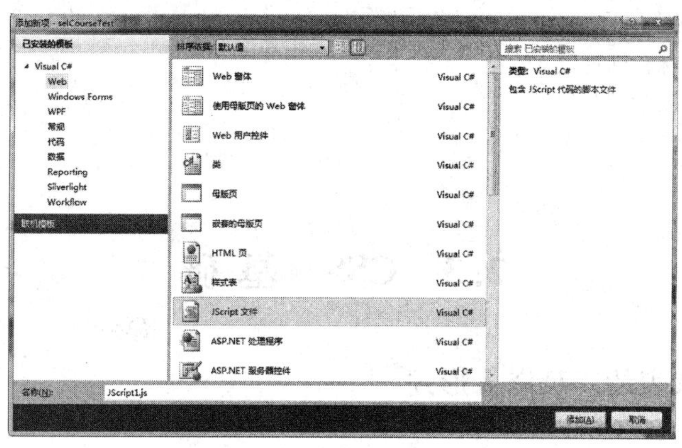

图 2.7 工程中新建 js 文件

如需使用外部文件，请在<script> 标签的 "src" 属性中设置该 js 文件，如下所示：

```
<html>
<body>
<script src="myScript.js"></script>
</body>
</html>
```

注意：外部脚本 js 文件中不能包含<script>标签。

2.2.4 Javascript 综合案例

下面这个案例诠释了如何把网页控件自身作为参数传递，并利用不同事件进行控制：

```
<html>
<body>
<div onmouseover="mOver(this)" onmouseout="mOut(this)"
style="background-color:green; width:120px; height:20px; padding:40px; color:#ffffff;">
把鼠标移到上面</div>
<script>
function mOver(obj)
{
    obj.innerHTML="谢谢"
}
function mOut(obj)
{
    obj.innerHTML="把鼠标移到上面"
}
</script>
```

```
</body>
</html>
```

而下述案例诠释了如何把dom、事件响应和CSS进行结合。

```
<html>
<body>
<h1 onmouseover="style.color='red'" onmouseout="style.color='blue'">
    请把鼠标移到这段文本上
</h1>
</body>
</html>
```

2.3 CSS 基础

2.3.1 CSS样式表的三种嵌入形式

1. 知识简介

(1) 外部样式表。当样式需要应用于很多页面时，外部样式表将是理想的选择。在使用外部样式表的情况下，你可以通过改变一个文件来改变整个站点的外观。每个页面使用<link>标签链接到样式表。<link> 标签在(文档的)头部。如下所示：

```
<head>
  <link rel="stylesheet" type="text/css" href="mystyle.css" />
</head>
```

浏览器会从文件mystyle.css中读到样式声明，并根据它来格式化文档。

外部样式表可以在任何文本编辑器中进行编辑。文件不能包含任何的HTML标签。样式表应该以.css扩展名进行保存。下面是一个样式表文件的例子：

```
hr {color: sienna; }
p {margin-left: 20px; }
body {background-image: url("images/back40.gif"); }
```

不要在属性值与单位之间留有空格。假如你使用"margin-left:20 px"而不是"margin-left: 20px"，那么它仅在IE6中有效，但是在Firefox或Netscape中无法正常工作。

(2) 内部样式表。当单个文档需要特殊的样式时，就应该使用内部样式表。你可以使用<style>标签在文档头部定义内部样式表，如下所示：

```
<head>
<style type="text/css">
  hr {color: sienna; }
  p {margin-left: 20px; }
  body {background-image: url("images/back40.gif"); }
</style>
</head>
```

(3) 内联样式。为了通用性考虑，只有当样式仅需要在一个元素上应用一次时才考虑用这种方法。

要使用内联样式，你需要在相关的标签内使用样式(style)属性。style 属性可以包含任何 CSS 属性。下例展示如何改变段落的颜色和左外边距：

```
<p style="color: sienna; margin-left: 20px">
This is a paragraph
</p>
```

(4) 多重样式。如果某些属性在不同的样式表中被同样的选择器定义，那么属性值将从更具体的样式表中被继承过来。例如，外部样式表拥有针对 h3 选择器的三个属性：

```
h3 {
  color: red;
  text-align: left;
  font-size:8pt;
}
```

而内部样式表拥有针对 h3 选择器的两个属性：

```
h3 {
  text-align: right;
  font-size:20pt;
}
```

假如拥有内部样式表的这个页面同时与外部样式表链接，那么 h3 得到的样式如下：

```
color: red;
text-align: right;
font-size:20pt;
```

即颜色属性将被继承于外部样式表，而文字排列(text-align)和字体尺寸(font-size)会被内部样式表中的规则取代。

2. 案例

(1) External style sheet 的用法。由 lesson3-test1. css、lesson3-test1. htm 两个文件组成，如下：

```
<html>
<head>
<link rel="Stylesheet" type="text/css" href="lesson3-test1. css" />
    <title></title>
</head>
<body>
  <h1>你们好吗? </h1>
</body>
</html>
```

lesson3-test1. css 代码如下：

```
body
{
    background-color:Aqua;
    color:Black;
}
```

（2）Internal style sheet 的案例如下：

```
<html>
<head>
<style>
body
{
    background-color:Aqua;
    color:Black;
}
</style>
    <title></title>
</head>
<body>
  <h1>你们好吗？</h1>
</body>
</html>
```

2.3.2 CSS 基本语法

1. 知识简介

（1）CSS 语法。CSS 规则由两个主要的部分构成：选择器以及一条或多条声明，如下所示：

```
selector {declaration1; declaration2; …; declarationN }
```

选择器通常是需要改变样式的 HTML 元素。每条声明由一个属性和一个值组成。

属性(property)是您希望设置的样式属性(style attribute)。每个属性有一个值，属性和值被冒号分开。如下所示：

```
selector {property: value}
```

下面这行代码的作用是将 h1 元素内的文字颜色定义为红色，同时将字体大小设置为 14 像素。在这个例子中，h1 是选择器，color 和 font-size 是属性，red 和 14px 是值。

```
h1 {color:red; font-size:14px; }
```

图 2.8 为您展示了上面这段代码的结构：

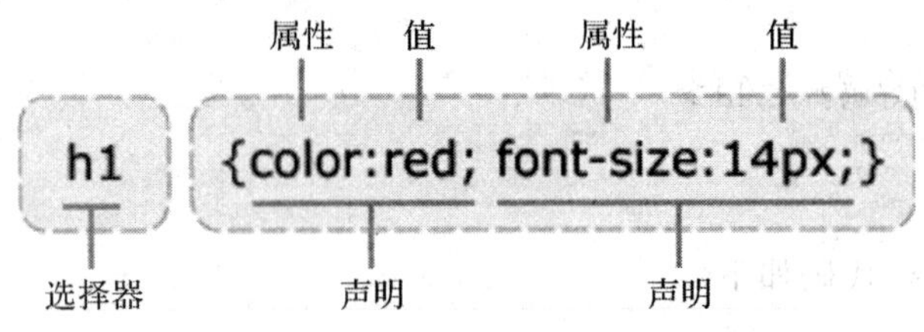

图 2.8 CSS 语法图解

（2）值的不同写法和单位。除了英文单词 red，我们还可以使用十六进制的颜色值 #ff0000，如下所示：

```
p { color: #ff0000; }
```

注意：如果值为若干单词，则要给值加引号。例如：

```
p {font-family："sans serif"; }
```

(3) 多重声明。如果要定义不止一个声明，则需要用分号将每个声明分开，如下所示：

```
p {text-align:center; color:red; }
```

建议每行只描述一个属性，这样可以增强样式定义的可读性。例如：

```
p {
  text-align: center;
  color: black;
  font-family: arial;
}
```

(4) 空格和大小写。大多数样式表包含不止一条规则，而大多数规则包含不止一个声明。多重声明和空格的使用使得样式表更容易被编辑。例如：

```
body {
  color: #000;
  background: #fff;
  margin: 0;
  padding: 0;
  font-family: Georgia, Palatino, serif;
}
```

是否包含空格不会影响CSS在浏览器上的工作效果，CSS对大小写亦不敏感。不过存在一个例外：如果涉及与HTML文档一起工作的话，class和id名称对大小写是敏感的。

2. 案例

```
<html>
<head>
<style>
h1
{
    color:Blue;
}
p
{
    color:Green;
}
</style>
    <title></title>
</head>
<body>
    <h1>你们好吗？</h1>
    <p>我们很好</p>
</body>
</html>
```

2.3.3 CSS 高级语法

1. 知识点简介

(1) 选择器的分组。可以对选择器进行分组，被分组的选择器可以分享相同的声明。语法为用逗号将需要分组的选择器分开。在下例中，对所有的标题元素进行了分组，标题元素都是绿色的。

```
h1, h2, h3, h4, h5, h6 {
  color: green;
}
```

(2) 继承及其问题。子元素从父元素继承属性(除非子元素单独应用了样式)。看看下面这条规则：

```
body {
        font-family: Verdana, sans-serif;
}
```

根据上面这条规则，站点的 body 元素将使用 Verdana 字体(假如系统中存在该字体)。

通过 CSS 继承，子元素将继承最高级元素(在本例中是 body)所拥有的属性(这些子元素诸如 p，td，ul，ol，li，dl，dt 和 dd)。在没有其他规则的情况下所有 body 的子元素都应该显示 Verdana 字体，子元素的子元素也一样，并且在大部分的现代浏览器中，也确实是这样的。

2. 案例

(1) 选择器分组代码如下：

```
<html>
<head>
<style>
h1, h2, h3, h4, h5, h6 {
  color: green;
  }
</style>
    <title></title>
</head>
<body>
  <h1>你们好吗？</h1>
  <h2>我们很好</h2>
</body>
</html>
```

(2) 继承代码如下：

```
<html>
<head>
<style>
```

```
body {
  color: green;
  }
</style>
    <title></title>
</head>
<body>
  <h1>你们好吗？</h1>
  <h2>我们很好</h2>
</body>
</html>
```

2.3.4 Id 选择器

1. 知识点简介

Id 选择器可以为标有特定 id 的 HTML 元素指定特定的样式，以“#”来定义。下面的两个 Id 选择器，第一个定义元素的颜色为红色，第二个定义元素的颜色为绿色：

```
#red {color:red; }
#green {color:green; }
```

下面的 HTML 代码中，id 属性为 red 的 p 元素显示为红色，而 id 属性为 green 的 p 元素显示为绿色：

```
<p id="red">这个段落是红色。</p>
<p id="green">这个段落是绿色。</p>
```

2. 案例

```
<html>
<head>
<style>
#side
  {
    font-size:xx-large;
    background-color:Red;
    color:Black;
  }
</style>
    <title></title>
</head>
<body>
  <h1 id="side">你们好吗？</h1>
  <p>我们很好</p>
</body>
</html>
```

2.3.5 类型选择器

1. 知识点简介

在 CSS 中，类选择器以一个点号显示，如下所示：

```
.center {text-align: center}
```

在上面的例子中，所有应用了 center 类的 HTML 元素其内嵌文字均为居中样式。

在下面的 HTML 代码中，h1 和 p 元素都有 center 类。这意味着两者都将遵守“.center”选择器中的规则：

```
<h1 class="center">
  This heading will be center-aligned.
</h1>
<p class="center">
  This paragraph will also be center-aligned.
</p>
```

注意，类名的第一个字符不能使用数字，否则在 Mozilla 或 Firefox 中会失效。

2. 案例

```
<html>
<head>
<style>
.side
  {
    font-size:xx-large;
    background-color:Red;
    color:Black;
  }
  .look
  {
    font-size:large;
    background-color:Green;
    color:Black;
  }
</style>
    <title></title>
</head>
<body>
  <h1 class="side">你们好吗？</h1>
  <p class="look">我们很好</p>
</body>
</html>
```

第三章　开发一个最简单的网站

3.1　搭建 ASP.NET 开发运行环境

要开发 ASP.NET 应用程序或网站，在计算机中要有以下环境：

☆ IE 8 或者以上版本；

☆ IIS 6.0 或者以上版本；

☆ .NET Framework SDK；

☆ Visual Studio 系列开发工具。

在安装 Visual Studio 2010 时，会自动安装.NET Framework SDK，而 Windows 7 操作系统中自带有 IE 浏览器，所以无需再安装 IE 浏览器。本项目中，我们以 Windows 7 为操作系统、Visual Studio 2010 为开发工具，来进行项目开发。

下面，将对 ASP.NET 的开发运行环境进行简单的说明并安装。

3.1.1　IIS 的简介与安装

Internet Information Services（IIS，互联网信息服务），是由微软公司提供的基于 Microsoft Windows 的互联网基本服务。本书中的案例项目基于 IIS 服务器发布。下面是 IIS 的安装步骤：

(1) 选择"控制面板"，单击"程序和功能"(见图 3.1)。

图 3.1　控制面板示意图

(2) 点击左侧"打开或关闭 Windows 功能"(见图 3.2)。

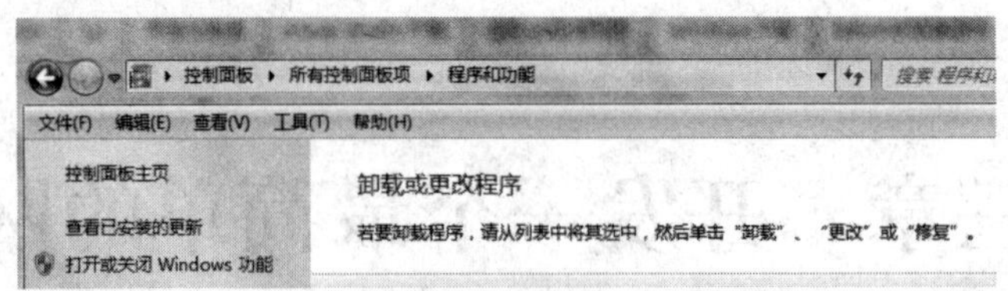

图 3.2　打开或关闭 Windows 功能

(3) 找到"Internet 信息服务"并按下图进行勾选，点击"确定"，等待安装完成(见图 3.3)。

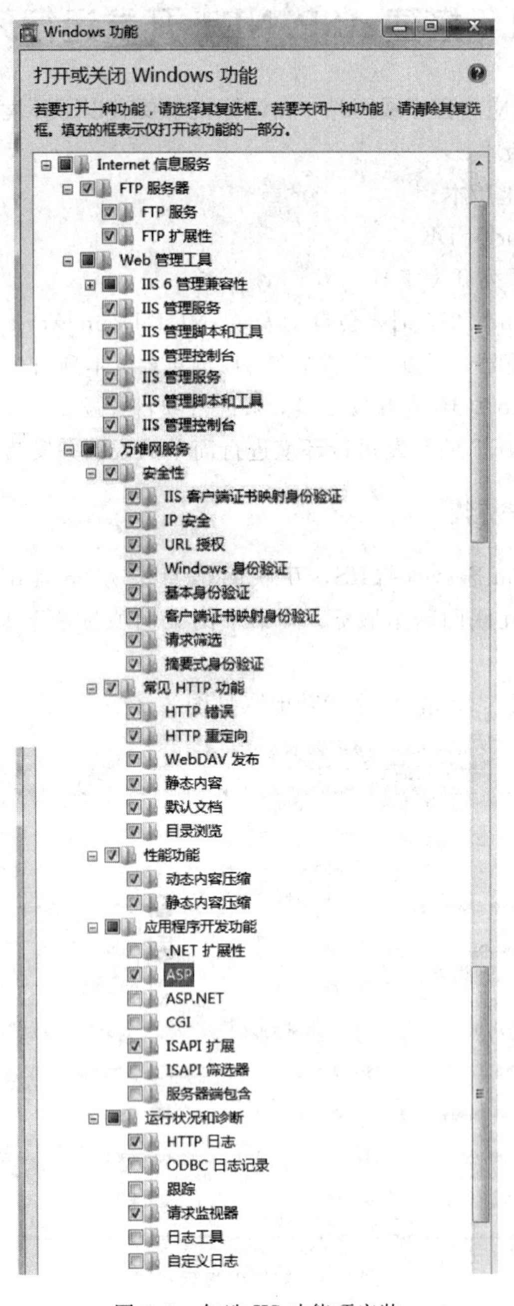

图 3.3　勾选 IIS 功能项安装

(4) 安装成功后，再回到控制面板，单击“管理工具”。

(5) 双击“Internet 信息服务(IIS)管理器”，以后就可以通过 IIS 来发布自己的网站了。

3.1.2　Visual Studio 2010 的安装

参考 1.2.3 节所述。

3.1.3　Visual Studio 2010 开发环境介绍

启动 Visual Studio 2010 后，选择“文件”→“新建”→“网站”→“ASP.NET 网站”，即可创建一个 ASP.NET 网站工程。开发界面由菜单栏、工具栏、工具箱、编辑窗口、解决方案资源管理器和属性窗口等组成。

1. 菜单栏和工具栏

菜单栏和工具栏中包含了所有的操作命令，如图 3.4 所示。

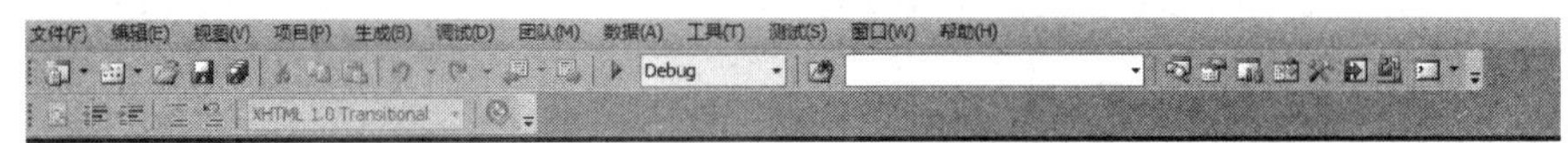

图 3.4　工具栏和菜单栏

2. 工具箱

包含常用控件(见图 3.5)。需要时，只需将控件从工具箱中拖到界面上对应位置。

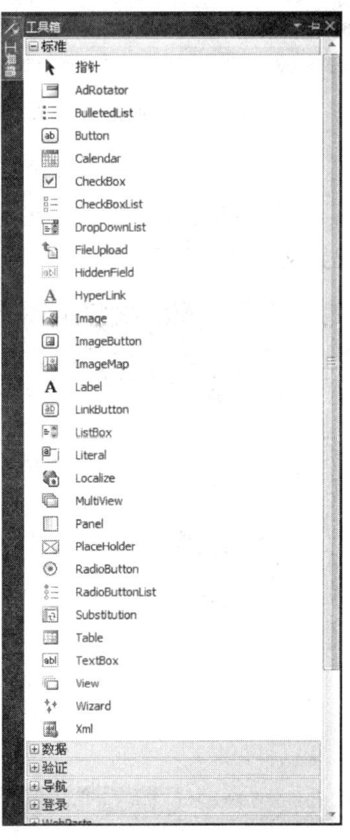

图 3.5　标准工具箱

3. 编辑窗口

编辑窗口下方有“界面切换条”，里面包括“设计”视图、“拆分”视图和“源”视图 3 部分。其中“设计”视图用于设计程序的界面；“拆分”视图用于上下半窗展示“设计”视图和“源”视图，且在任一视图内的修改会同步体现在另一视图中；“源”视图用于编辑程序的代码。

4. 属性窗口

菜单中，“视图”→“属性窗口”打开属性窗口，从中可以按照字母顺序或是属性分类来查看某一控件对象的各个属性，如图 3.6 所示。

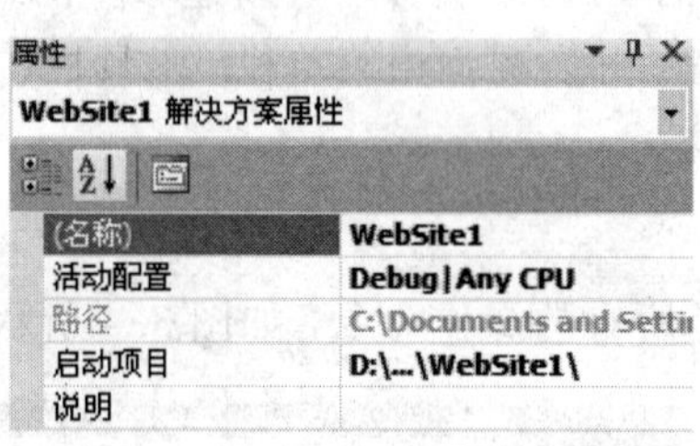

图 3.6　属性窗口

5. 解决方案资源管理器

解决方案资源管理器是对其所属项目文件的导航。在这里可以看到项目的结构，如各个类库、数据库文件以及系统配置文件等(见图 3.7)。

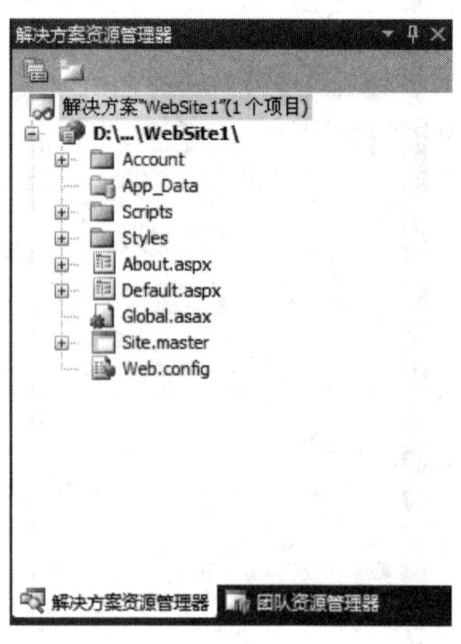

图 3.7　解决方案资源管理器

3.2　ASP.NET 网站的创建和发布

3.2.1　网站的创建

本节任务是通过 Visual Studio 2010 来创建一个 ASP.NET 网站。具体参考电子文档中的“chaptor3”文件夹，里面有完整工程。

例 1：ASP.NET 的“我爱北京天安门!”程序。

(1) VS 菜单中选“文件”→“新建项目”，弹出如图 3.8 所示的窗口。

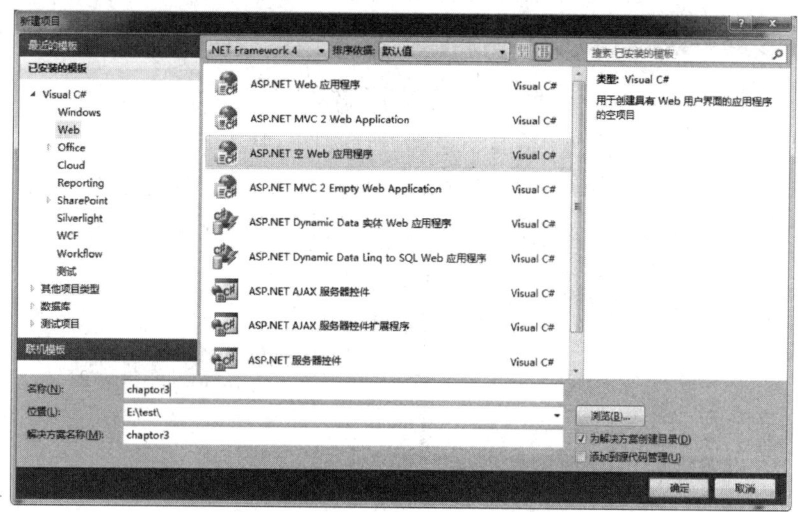

图 3.8　新建工程

在窗口的左边选择“Visual C#”下的“Web”，然后在右边选择“ASP.NET 空 Web 应用程序”，在下面的“名称”栏目中，将工程名命名为“chaptor3”，单击“确定”。

(2) 左键单击“解决方案”并选“新建项”，在弹出的窗口中选择“Web 窗体”，并命名为 test，在右边的解决方案资源管理器中就出现了 test.aspx 以及 cs 源码 test.aspx.cs，它们分别用于设计和编程(见图 3.9、图 3.10)。

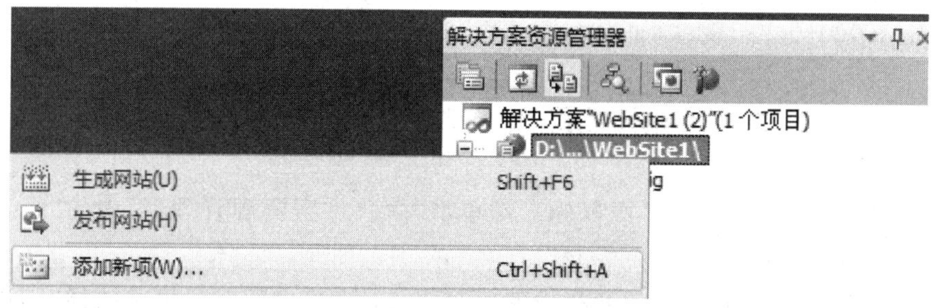

图 3.9　在工程中添加新项

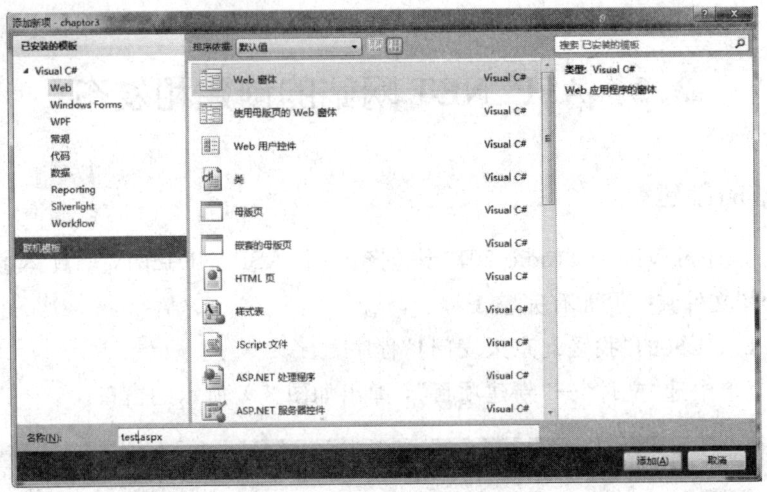

图 3.10　给新项命名并保存

（3）单击下方的“设计”按钮，将其切换到设计视图。从工具箱中拖曳出 1 个 Label 控件和 1 个 Button 控件，并在属性窗口中将 Button 控件的 Text 属性更改为“显示”。这样我们就给按钮起了名字，在加载页面的时候，按钮上的文字就是“显示”（见图 3.11）。

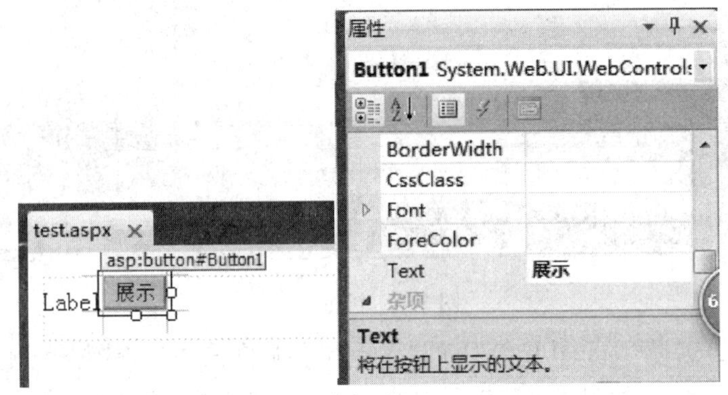

图 3.11　修改相关控件的属性

双击“展示”按钮后，弹出 test. aspx. cs 代码窗口，光标默认会定位到按钮的单击事件（下图中 Button1_Click 下面的大括号中）处，然后输入以下代码。同时，建议新手通过双击来获得 Button1_Click 这个事件函数。

```
protected void Button1_Click(Object sender, EventArgs e)
{
    This. Label1. Text="我爱北京天安门!";
}
```

接下来准备运行这个工程，用鼠标右键单击“解决方案资源管理器”中的“test. aspx”，在弹出的快捷菜单中选择“设为起始页”。

按 F5 键调试运行，或单击工具栏中的运行按钮，在弹出的对话框中选择“不进行调试直接运行”后单击“确定”按钮，即可在浏览器中显示结果。在运行后的网页中单击“显示”按钮，就会出现“我爱北京天安门!”的字样。

3.2.2　网站的发布

工程开发完毕后，需要对其进行编译后才能发布到 IIS 服务器上。编译的方法如图 3.12 所示。

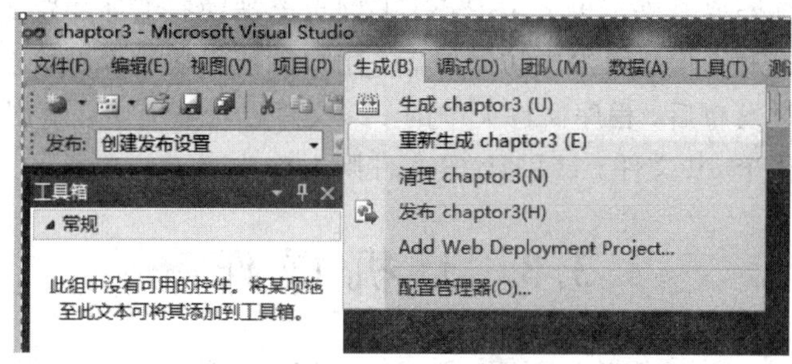

图 3.12　编译整个工程

点击“重新生成 chaptor3”即可。生成完毕后，按图 3.13 所示的步骤操作。

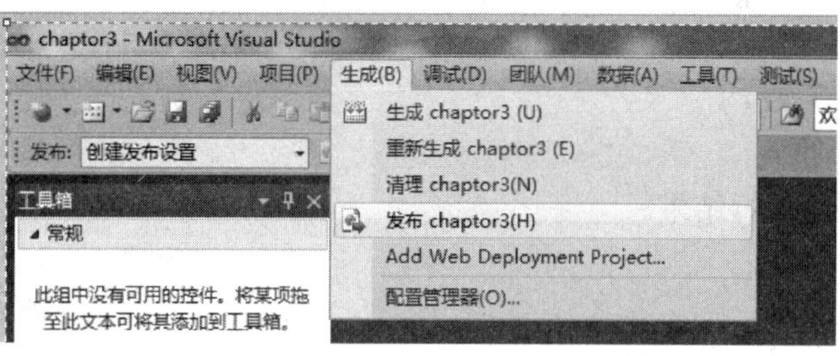

图 3.13　发布整个工程

点击“发布 chaptor3”后，出现如图 3.14 所示界面。

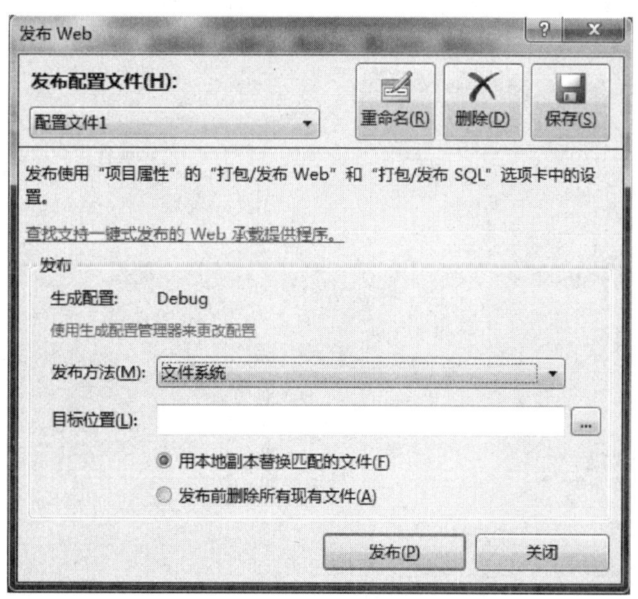

图 3.14　发布工程选项

在这个界面中，选择“发布方法”为“文件系统”，目标位置选择为本地电脑安装 IIS 时设置的根目录下的 chaptor3 子目录(需要预先在 IIS 根目录下创建一个 chaptor3 子目录)。

勾选"用本地副本替换匹配的文件",然后点击"发布"即可。

在浏览器中输入"http://localhost/chaptor3/test.aspx",即可访问到刚才创建的网页,并可以实践其功能。

用户在对网站进行首次访问时,ASP.NET 网页会被动态编译并置入用户电脑的内存,访问速度可能会比较慢。但从第二次访问以后,用户就能很快进入网页了。

备注:网站经过发布后,程序文件夹中的 .cs 文件已经没有了,新创建了一个 bin 文件夹,文件夹中有若干个 dll 文件。HTML 等文件则不被改变。

3.3 上机操作

用 ASP.NET 编写一个简单的页面,要求实现以下功能:

☆ 新建一个 ASP.NET 网站。

☆ 做一个简单的 ASP.NET 页面,页面应显示一张表格,展示学生的个人信息,包括姓名、年龄和性别。表格的具体布局自拟。

☆ 编辑该网站工程。

☆ 发布网站。

☆ 在 IIS 中预览运行结果。

第四章 ASP.NET 开发基础

4.1 C♯基本语法

4.1.1 数据类型

C♯有 15 个预定义类型，其中 13 个是值类型，两个是引用类型(string 和 object)。

☆ 整型(包括：sbyte、short、int、long、byte、ushort、unit、ulong)；

☆ 浮点类型(decimal)；

☆ decimal 类型(decimal)；

☆ bool(布尔)类型(bool)；

☆ char 字符类型(char)；

☆ 引用类型(Object 类型和字符串类型)(object、string)。

4.1.2 变量声明和初始化

如果要声明一个数据类型作为变量，可以通过在变量名之前指定类型来实现，还可以使用全名分配数据类型。如：

```
bool mybool=false;
string myString="hello, world!";
int i1=0, i2=4, i3=56;
```

使用变量前要先对变量赋值，否则会收到一个编译错误或警告。

4.1.3 数据转换

不同类型的数据可以转换。按转换前后的数据的位数变化可分为窄转换和宽转换：当一种类型的值转换为大小相等或更大的另一类型时，则发生宽转换；当一种类型的值转换为较小的另一种类型时，则发生窄转换。

宽转向不会导致数据丢失，因此允许隐式进行。窄转换因为有数据丢失的风险，将导致编译错误。如果希望通知编译器我们想要处理窄化运算可能引起的数据丢失，就必须使用 C♯强制转换运算符()来进行显式强制转换，代码如下所示：

```
byte myByte=0;
int myInt=200;
myByte=(byte)myInt;   //窄转换
```

构建一个不能接受数据丢失的应用程序时，C♯提供的 checked 关键字将确保数据丢失肯定会被检测到：

```
myByte=checked(byte)myInt;
```

如果发生数据丢失，将发生一个运行时异常。

4.1.4 运算符

C＃提供大量运算符，这些运算符是指定在表达式中执行哪些操作的符号。通常允许对枚举进行整型运算，例如 ==、！=、<、>、& lt；=、>=、^、&、|、~、++、--和 sizeof()。C 语言基础的读者容易理解各运算符的用法及优先级，对于更加深入的用法，请查阅 MSDN 相关文档。

4.1.5 流程控制

1. C＃迭代结循环构

除了基本的 for 循环，while 循环及 do/while 循环（很简单不再赘述），C＃还允许通过使用 foreach 关键字遍历数组中的所有项，代码如下所示：

```
string[] carTypes={"Ford", "BMW", "Yugo", "Honda"};
foreach(string c in carTypes)
Console.WriteLine(c);
```

2. C＃条件结构

（1）if/else 语句：

```
bool state=true;
if(state){
   …;
}
else{
   …;
}
```

（2）switch 语句：C＃中的 switch 语句有一个不错的特性：除了还算数值数据之外，还可以运算字符串数据，代码如下所示：

```
static void ExecuteSwitchOnString()
{
      Console.WriteLine("C# or VB");
      Console.Write("Please pick your language preference: ");
      string langChoice=Console.ReadLine();
      switch (langChoice)
      {
         case "C#":
            Console.WriteLine("Good choice, C# is a fine language.");
            break;
         case "VB":
            Console.WriteLine("VB.NET: OOP, multithreading and more!");
            break;
```

```
        default:
        Console.WriteLine("Wellgood luck with that!");
        break;
    }
}
```

4.2 ASP.NET的内置对象

4.2.1 Response对象

(1) Response对象的作用是向浏览器输出信息。

(2) Response对象对应的ASP.NET类是HttpResponse类。

(3) Response对象的方法(见表4.1)。

表4.1 Response对象的方法

方法	说明
Write	Response对象中最常用的方法，用来送出信息给客户端
Redirect	引导客户端浏览器至新的Web页面
BinaryWrite	输出二进制信息，它不进行任何字符转换，直接输出 例如：从数据库中显示图片的信息就要用到该方法
Clear	清除在缓冲区的所有HTML页面 语法：Response.Clear 此时，Response对象的Buffer属性必须被设置为True，否则会报错
End	终止处理ASP.NET程序，并返回当时的状况
Flush	立刻送出缓冲区的HTML数据 语法：Response.Flush 此时，Response对象的Buffer属性必须被设置为True，否则会报错

(4) Response对象的属性(见表4.2)。

表4.2 Response对象的属性

属性	说明
Buffer	设置为缓冲信息。取值为True或False，默认为True 语法：Response.Buffer=True | False
ContentType	控制送出的文件类型

(5) Response对象常用方法：利用Write方法可在客户端输出信息，效果和利用Label标签控件一样。语法如下：

```
Response.Write("hello, world!");
```

例如：

```
protected void Page_Load(object sender, EventArgs e)
```

```
{
  string usernanme;
  user_nanme="张三";
  Response.Write(usernanme+"您好!");
}
```

4.2.2 Request 对象

Request 对象主要用于获取来自客户端的数据，如用户填入表单的数据、保存在客户端的 Cookie 等，主要属性见表 4.3。

1. 主要属性

表 4.3 Request 对象的主要属性

ApplicationPath	获取服务器上 ASP.NET 应用程序的虚拟应用程序根路径
Browser	获取有关正在请求的客户端的浏览器功能的信息，该属性值为：HttpBrowserCapabilities 对象
ContentEncoding	获取或设置实体主体的字符集。该属性值为表示客户端的字符集 Encoding 对象
ContentLength	指定客户端发送内容的长度，以字节为单位
ContentType	获取或设置传入请求的 MIME 内容类型
Cookies	获取客户端发送的 Cookie 集合，该属性值为表示客户端的 Cookie 变量的 HttpCookieCollection 对象
CurrentExecutionFilePath	获取当前请求的虚拟路径
FilePath	获取当前请求的虚拟路径
Files	获取客户端上载的文件集合。该属性值为 HttpFileCollection 对象，表示客户端上载的文件集合
Form	获取窗体变量集合
HttpMethod	获取客户端使用的 HTTP 数据传输方法(如：get、post 或 head)
Item	获取 Cookies、Form、QueryString 或 ServerVariables 集合中指定的对象
Params	获取 Cookies、Form、QueryString 或 ServerVariables 项的组合集合
Path	获取当前请求的虚拟路径
PathInfo	获取具有 URL 扩展名的资源的附加路径信息
PhysicalApplicationPath	获取当前正在执行的服务器应用程序的根目录的物理文件系统路径
PhysicalPath	获取与请求的 URL 相对应的物理文件路径
QueryString	获取 HTTP 查询字符串变量集合。该属性值为：NameValueCollection 对象，它包含由客户端发送的查询字符串变量集合
RequestType	获取或设置客户端使用 HTTP 数据传输的方式(get 或 post)
ServerVariables	获取 Web 服务器变量的集合
TotalBytes	获取当前输入流的字节数
Url	获取有关当前请求 URL 的信息
UserHostAddress	获取远程客户端的 IP 主机地址

2. 主要方法

(1) MapPath(VirtualPath)：将当前请求的 URL 中的虚拟路径 VirtualPath 映射到服务器上的物理路径。参数 VirtualPath 指定当前请求的虚拟路径，可以是绝对路径或相对路径。该方法的返回值为由 VirtualPath 指定的服务器物理路径。

(2) SaveAs (filename，includeHeaders)：将 HTTP 请求保存到磁盘。参数 filename 指定物理驱动器路径，includeHeaders 是一个布尔值，指定是否应将 HTTP 标头保存到磁盘。

3. Request 对象的应用

1) 使用 Request. Form 属性读取窗体变量

HTMLForm 控件的 Method 属性的默认值为 post。在这种情况下，当用户提交网页时，表单数据将以 HTTP 标头的形式发送到服务器端。此时，可以使用 Request 对象的 Form 属性来读取窗体变量。如 txtUserName 和 txtPassWord 的文本框控件，可以通过以下形式来读取它们的值：

```
Request. Form["txtUserName"] ；
Request. Form["txtPassWord"];
```

【案例 4.2.2－1】 Request. Form 示例(具体见电子文档)。

备注：Request. Form 按照控件的 name 属性取值，不要错误地使用 id 值。

2) 使用 Request. QueryString 属性读取窗体变量

如果将 HTMLForm 控件的 Method 属性设置为 get，则当用户提交网页时，表单数据将附加在网址后面发送到服务器端。在这种情况下，可以使用 Request 对象的 QueryString 属性读取窗体变量，代码如下所示：

```
Request. QueryString["txtUserName"] ；
Request. QueryString["txtPassWord"];
```

【案例 4.2.2－2】 Request. QueryString 示例(具体见电子文档)。

备注：Request. QueryString 按照控件的 name 属性取值，不要错误使用 id 值。

3) 使用 Request. Params 属性读取窗体变量

不论 HTMLForm 控件的 Method 属性取什么值，都可以使用 Request 对象的 Params 属性来读取窗体变量的内容，如 Request. Params["txtPassword"]或者 Request. [“txtPassword”]，优先获取 get 方式提交的数据，它会在 QueryString、Form、ServerVariable 中按先后顺序搜寻一遍。

当使用 Request. Params 时，这些集合项中最好不要有同名项。如果仅仅是需要 Form 中的一个数据，但却使用了 Request 而不是 Request. Form，那么程序将在 QueryString、ServerVariable 中也搜寻一遍。如果正好 QueryString 或者 ServerVariable 里面也有同名的项，那么得到的就不是想要的值了。

4) 通过服务器控件的属性直接读取窗体变量

除了以上 3 种方式之外，也可以通过服务器控件的属性来直接读取窗体变量，这是获取表单数据的最常用、最简单的方式。例如：txtUserName. Text。

【案例 4.2.2－3】 服务器控件取值示例(具体见电子文档)。

备注：服务器控件按照 id 来读取值。

4. 读取查询字符串变量

在浏览网页时，经常看到浏览器地址栏中显示“xxx. aspx? id＝8018”之类的 URL，其中 xxx. aspx 表示要访问的. aspx 网页，问号“？”后面跟的内容便是查询字符串，其作用是将变量的名称和值传送给这个 ASP. NET 文件来处理。查询字符串变量可以通过以下几种方式生成。

(1) 若将 HTMLForm 控件的 Method 属性设置为 get，则当用户提交网页时，窗体数据将作为查询字符串变量附在网址后面被发送到服务器端。

(2) 使用<a>…</a>标记或 HyperLink 控件创建超文本链接时，可以将查询字符串放在目标 URL 后面，并使用问号“?”来分隔 URL 与查询字符串。

(3) 调用 Response. Redirect 方法时，若在网址参数后面附有变量名/值对，则打开目标网页时，这些变量值附在该网址后面被发送到服务器端。

(4) 在浏览器地址栏中输入请求 URL 时，在 URL 后输入问号“?”和查询字符串。例如：http://…/t. aspx?Id＝8018。

在上述场合，均可通过 Request. QueryString 属性来检索查询字符串变量。

【案例 4.2.2－4】 读取字符串变量示例(完整工程见电子文档)：

在登录页面(login. aspx)代码如下：

```
if (txtUserName.Text == "admin")
{
  Response.Redirect("check.aspx? Info=" + txtUserName.Text + "&check=1");
}
else
{
  Response.Redirect("check.aspx? Info=登录失败!");
}
```

在验证页面(check. aspx)代码如下：

```
string check=Request.QueryString["check"];
String Info=Request.QueryString["Info"];
if (check == "1")
{
  Response.Write("登录成功！<br>" + Info + "，欢迎访问本站");
}
else
{
  Response.Write(Info);
}
```

5. 取得 Web 服务器端的系统信息

Request 对象使用 ServerVariables 集合对象保存服务器端系统信息，这些信息变量包含在 HTTP 头部中随 HTTP 请求一起传送。使用 Request 对象的 ServerVariables 集合对象取得环境变量的语法如下：

```
Request.ServerVariables[环境变量名];
```

ServerVariables 集合对象中保存的常用信息变量如下：

【案例 4.2.2－5】 ServerVariables 示例(完整工程见电子文档)：

```
Response.Write(Request.ServerVariables["LOCAL_ADDR"]);  //远端服务器的地址
Response.Write("<br>");
Response.Write(Request.ServerVariables["Remote_ADDR"]);  //浏览器所在主机的 IP 地址
Response.Write("<br>");
Response.Write(Request.Browser.Type.ToString());   //浏览器的类型
Response.Write("<br>");
Response.Write(Request.Browser.Platform.ToString());   //浏览器所在的平台
Response.Write("<br>");
Response.Write(Request.ServerVariables["url"]);
```

6. 取得客户端浏览器信息

通过 Request 对象的 Browser 属性可获得客户端浏览器信息。需要利用 Browser 属性生成一个 HttpBrowserCapabilities 类型的对象实例。HttpBrowserCapabilities 类具有的常用属性如表 4.4 所示。

表 4.4 Request.Browser 的主要属性

属性名	属 性 解 释
Type	获取客户端浏览器的名称和主要版本号
Browser	获取客户端浏览器的名称
Version	获取客户端浏览器的版本
Platform	获取客户端使用的操作平台的名称
Frames	获取客户端浏览器是否支持框架
Cookies	获取客户端浏览器是否支持 Cookies
Javascript	获取客户端浏览器是否支持 Javascript

【案例 4.2.2－6】 Request.Browser 示例(完整工程见电子文档)：

```
Response.Write("浏览器的类型是：" + Request.Browser.Browser.ToString()+"<br>");
Response.Write("浏览器的版本是：" + Request.Browser.Version.ToString()+"<br>");
Response.Write("浏览器的所在平台是：" + Request.Browser.Platform.ToString()+"<br>");
Response.Write("浏览器是否支持框架：" + Request.Browser.Frames.ToString()+"<br>");
Response.Write("浏览器是否支持 Cookies：" + Request.Browser.Cookies.ToString()+"<br>");
Response.Write("浏览器是否支持 Javascript：" + Request.Browser.JavaScript.ToString()+"<br>");
```

7. 读取客户端 Cookie

Cookie 是在 HTTP 协议下服务器或脚本可以维护客户工作站上信息的一种方式。Cookie 是由 Web 服务器保存在用户浏览器上的小文本文件，它可以包含有关用户的信息，这些信息以名/值对的形式储存在文本文件中。无论何时，只要用户连接接到服务器，Web 站点就可以访问 Cookie 信息。Cookie 保存在用户的 Cookie 文件中，当下一次用户返回时，仍然可以对它进行调用。

Cookies 集合是由一些 Cookie 对象组成的。Cookie 对象的类名为 HttpCookie。Http-

Cookie 类的主要属性如下：

☆ Domain：获取或设置 Cookie 的作用域，接受或返回一个 String 值；

☆ Expires：获取或设置 Cookie 的有效时间，接受或返回一个 DateTime 值；

☆ HasKeys：获取一个值，通过该值指示 Cookie 是否含有子键，返回一个 bool 值；

☆ HttpOnly：获取或设置一个值，该值指定 Cookie 是否可以通过客户端脚本访问，接受或返回一个 bool 值；

☆ Name：获取或设置 Cookie 的名称，该值接受或返回一个 String 值；

☆ Path：获取或设置该 Cookie 作用路径，接受或返回一个 String 值；

☆ Secure：获取或设置 Cookie 是否安全传输(即仅通过 Https 传送)，接受或返回一个 bool 值；

☆ Value：获取或设置单个 Cookie 的值，接受或返回一个 String；

☆ Values：获取单个 Cookie 所包含的键/值对的集合，返回一个 String 数组。

使用 Cookie 时，应注意以下几点：

(1) 使用 Cookie 保存客户端浏览器请求服务器页面的请求信息时，保存时间的长短取决于 Cookie 对象的 Expires 属性，可以根据需要来设置。若未设置 Cookie 的失效日期，则它们仅保存到浏览器关闭为止。若将 Cookie 对象的 Expires 属性设置为 DateTime. MaxValue，则表示 Cookie 永远不会过期。

(2) Cookie 存储的数据量有所限制，大多数浏览器支持的最大容量为 4096 字节，因此不要用 Cookie 来保存大量数据。

(3) 并非所有浏览器都支持 Cookie，并且数据是以明文形式保存在客户端计算机中，因此最好不要用 Cookie 来保存敏感的未加密数据。

(4) 在 ASP. NET 中有两个 Cookies 集合，即 Response 对象的 Cookies 集合和 Request 对象的 Cookies 集合，但两者的作用有所不同，通过前者可以将 Cookie 写入客户端，通过后者可以读取存储在客户端的 Cookie。

【案例 4.2.2-7】 Cookie 示例(完整工程见电子文档)：

```
protected void Page_Load(object sender, EventArgs e)
{
    HttpCookie c1=Request.Cookies["UserName"];
    HttpCookie c2=Request.Cookies["Password"];
    if(c1!=null || c2!=null)
    {
        //当保存完 Cookie 之后(也就是说"保存或永久保存")，这个才能输出，当第二次用同一浏
        览器打开该网站的时候就会输出
        Response.Write(c1.Value + "欢迎光临");
    }
}
protected void Button1_Click(object sender, EventArgs e)
{
    //提交
    if (TextBox1.Text == "admin" && TextBox2.Text == "123")
```

```
    {
        Response.Write("欢迎光临" + TextBox1.Text);
        Response.Cookies["UserName"].Value=TextBox1.Text;
        Response.Cookies["Password"].Value=TextBox2.Text;
        if(DropDownList1.SelectedItem.Text == "永久保存")
        {
            //默认 cookies 失效时间是直到关闭浏览器
            //Cookie 保存永久
            Response.Cookies["UserName"].Expires=DateTime.MaxValue;
            Response.Cookies["Password"].Expires=DateTime.MaxValue;
        }
        else
        {
            //Cookie 永不保存
            Response.Cookies["UserName"].Expires=DateTime.Now;
            Response.Cookies["Password"].Expires=DateTime.Now;
        }
    }
}
```

工程验证方法：首先启动工程，设 page1.aspx 为首页并运行。选择永久保存时，重新打开一个浏览器窗口，把旧窗口的网站路径复制后粘贴到到新浏览器窗口的地址栏，把 page1.aspx 修改为 page2.aspx，则可以看到欢迎词。而选择“临时保存”，重新打开一个窗口，输入网站路径，把 page1.aspx 修改为 page2.aspx，则无法看到欢迎词。

4.2.3 Server 对象

1. ASP Server 对象

ASP Server 对象的作用是访问有关服务器的属性和方法。其属性和方法描述如表 4.5、表 4.6 所示。

表 4.5 Server 对象的主要方法

方法	描述
CreateObject	创建对象的实例(instance)
Execute	从另一个 ASP 文件中执行一个 ASP 文件
GetLastError()	返回可描述已发生错误状态的 ASPError 对象
HTMLEncode	将 HTML 编码应用到某个指定的字符串
MapPath	将一个指定的地址映射到一个物理地址
Transfer	把一个 ASP 文件中创建的所有信息传输到另一个 ASP 文件
URLEncode	把 URL 编码规则应用到指定的字符串

表 4.6　Server 对象的主要属性

属　性	描　　述
ScriptTimeout	设置或返回在一段脚本终止前它所能运行时间(秒)的最大值
ASPCode	返回由 IIS 生成的错误代码
ASPDescription	返回有关错误的详细信息(假如错误和 ASP 相关)
Category	返回错误来源(是由 ASP、脚本语言还是对象引起的)
Column	返回在出错文件中的列位置
Description	返回关于错误的简短描述
File	返回出错 ASP 文件的文件名
Line	返回错误所在的行数
Number	返回关于错误的标准 COM 错误代码
Source	返回错误所在行的实际的源代码

2. ASP. NET 中的 Server. MapPath

(1) Server. MapPath("/") 表示应用程序根目录所在的位置，如果 IIS 安装的时候制定根目录是"C:\Inetpub\wwwroot\"，那么该路径就是应用程序根目录所在位置。

(2) Server. MapPath("./") 表示所在页面的当前目录。注：等价于 Server. MapPath("")，返回 Server. MapPath("") 所在页面的物理文件路径。

(3) Server. MapPath("../")表示所在页面的上一级目录。

(4) Server. MapPath("~/")表示当前应用级程序的目录，如果是根目录，就是根目录所在位置，如果是虚拟目录，就是虚拟目录所在的位置，如"C:\Inetpub\wwwroot\Example\"。

```
Response. Write(Request. PhysicalApplicationPath. ToString());
Response. Write(Server. MapPath("mydb. mdb"). ToString());
```

经过实验，证明：调用 Request. PhysicalApplicationPath. ToString()将显示你的网站所在的目录，比如 F:\fq\htdocs\，而不管你的网页在哪个子文件夹里，这个地址都是一样的。

调用 Server. MapPath("mydb. mdb"). ToString()将显示你的网页所在的文件夹路径再加上参数字符串，比如在 qiye 子文件夹里放了一个 1. aspx 文件，其中包含：

```
Response. Write(Server. MapPath("mydb. mdb"). ToString())
```

则显示出来的值是：

```
F:\fq\htdocs\qiye\mydb. mdb
```

3. ASP.NET 中 Server.MapPath() 和 Request.MapPath()使用区别

对于 Server.MapPath(string) 而言，括号中的参数 string 可以用“../”的方式引用代码所在页面的父目录，甚至可以将此目录跳到整个 IIS 服务器的 Web 根目录外。例如：代码所在页面的目录为 Web 根目录，在根目录文件中调用此 Server.MapPath("../xyz.gif")，则可以调用 Web 目录外的脚本、资源等。

对于 Server.MapPath(string) 而言，括号中的参数 string 为虚拟目录，不允许“../”这样的调用方式，因此无法访问 IIS 服务器的 Web 目录外的脚本、资源等。

此外，用 Server.MapPath(string)调用文件时还需注意，在不同的目录中使用同一个 Server.MapPath(string)时，即使 string 参数相同，得到的结果也不同。而在不同的目录中使用 Request. MapPath(string)则不会出现上述问题。

4.2.4 Application 对象

Application 对象为所有用户提供共享信息，从该应用程序启动直到其停止的这个过程中，Application 对象一直存在。若服务器重新启动，Application 中的信息就会丢失。表 4.7 所示为 Application 对象的方法。

表 4.7 Application 对象的方法

方　法	说　　明
Lock	锁定 Application 对象
Unlock	取消锁定

说明：Lock 方法和 Unlock 方法是很重要的，因为任何客户都可以存取 Application 对象，如果两个客户同时更改一个 Application 对象的值怎么办？可以利用 Lock 方法，先将 Application 对象锁定，以防止其他客户端更改。等更改完成后，再利用 Unlock 解锁。

在 C#程序中 Application 的用法如下：

(1) Application 的创建：

```
Application["application 名称"]="application 的值";
```

(2) Application 的使用：

```
string str=Application["application 名称"];
```

备注 1：常用的方法。

```
//将新的对象添加到 HttpApplicationState 集合中(对象名-值)。
Application.Add("Count", 5);
//更新 HttpApplicationState 集合中的对象值。
Application.Set("Count", 55);
//通过名称获取 HttpApplicationState 对象。
Application.Get("Count");
//通过索引获取 HttpApplicationState 对象名。
Application.Get(0);
Application.GetKey(0);
```

```
//从 HttpApplicationState 集合中移除命名对象。
Application.Remove("Count");
//按索引从集合中移除一个 HttpApplicationState 对象。
Application.RemoveAt(0);
//从 HttpApplicationState 集合中移除所有对象。
Application.RemoveAll();
Application.Clear();
```

备注 2：常用的属性。

```
//通过名称获取单个 HttpApplicationState 对象的值。Item[Int32](读写)
Application["Count"]=11;
//通过索引获取单个 HttpApplicationState 对象。Item[String](只读)
object obj=Application[0];
//获取 HttpApplicationState 集合中的对象数。默认为 0;
int count=Application.Count;
//获取 HttpApplicationState 集合中的访问键。对象名的字符串数组。
string[] keys=Application.AllKeys;
//获取对 HttpApplicationState 对象的引用。该属性提供与早期版本的 ASP 之间的兼容性。
HttpApplicationState AppState=Application.Contents;
```

备注 3：保存应用程序状态中的值。

用锁定方法将值写入应用程序状态：应用程序状态变量可以同时被多个线程访问。因此，为了防止产生无效数据，在设置值前，必须锁定应用程序状态，只供一个线程写入。除非设置了其他类型的锁，否则就应该始终在 lock 语句中修改应用程序状态数据。

```
//锁定对 HttpApplicationState 变量的访问以促进访问同步。
Application.Lock();
//更新对象值
Application["Count"]=((int)Application["Count"]) + 1;
//取消锁定对 HttpApplicationState 变量的访问以促进访问同步。
Application.UnLock();
```

4.2.5 Session 对象

Session 对象用于存储特定的用户会话所需的信息。Session 对象的引入是为了弥补 HTTP 协议的不足，HTTP 协议是一种无状态的协议。

Session 在中文中是“会话”的意思，在 ASP.NET 中代表了服务器与客户端之间的“会话”。Session 的作用时间从用户到达某个特定的 Web 页开始，到该用户离开 Web 站点，或在程序中利用代码终止某个 Session 结束。引用 Session 可以让一个用户在多个页面之间进行切换时将其用户信息一直保留在缓存中，直到用户退出网站访问。

系统为每个访问者都设立一个独立的 Session 对象，用以存储 Session 变量，并且各个访问者的 Session 对象互不干扰。

Session 与 Cookie 是紧密相关的。Session 的使用要求用户浏览器必须支持 Cookie，如果浏览器不支持使用 Cookie，或者设置为禁用 Cookie，那么将不能使用 Session。

不同的用户用不同的 Session 信息来记录。当用户启用 Session 时，ASP.NET 自动产生一个 SessionID，在新会话开始时，服务器将 SessionID 当做 Cookie 存储在用户的浏览器中。

Session 语法：

session.集合｜属性｜方法

举例：

```
<html>
  <head>
    <title>学好 session 加油</title>
  </head>
  <body>
    <%
      session("greeting")="ASP"
      Response.write(session("greeting"))
    %>
  </body>
</html>
```

4.2.6 Cookie 对象

1. cookie 对象的属性

☆ Name：获取或设置 Cookie 的名称。

☆ Value：获取或设置 Cookie 的值。

☆ Expires：获取或设置 Cookie 的过期日期和时间。

☆ Version：获取或设置此 Cookie 符合的 HTTP 状态维护版本。

☆ Comment：获取或设置服务器可添加到 Cookie 中的属性。

2. Cookie 对象的方法

☆ Add：新增一个 Cookie 变量。

☆ Clear：清除 Cookie 结合内的变量。

☆ Get：通过变量名或索引得到 Cookie 的变量值。

☆ GetKey：以索引来获取 Cookie 的变量名称。

☆ Remove：通过 Cookie 变量名来删除 Cookie 变量。

3. Cookie 对象的使用

Cookie 可以定义为服务器存储在浏览器上的少量信息，它的主要用途是保留客户的个人信息，而 Cookie 又分为两类：

(1) 第一类为会话 Cookie，可以使用 Response 类的 Cookies 属性来创建会话 Cookie，并使用 Request 对象进行读取，具体语法如下：

① 创建语法：

```
HttpCookie myCookie=new
HttpCookie("UserSettings","hello");
```

```
Response. Cookies. Add(myCookie);
```

② 读取语法:

```
Request. Cookies["Cookie 名"]. Value
```

③ 说明:Cookie 只能包含字符串值。如果想在 Cookie 中存数值,比如用户 id,那么需要将此值转换为字符串。

(2) 还有一种 Cookie 称为持久性 Cookie,它有一定的生命周期,用户可以自定义这个生命周期,这种持久性的 Cookie 会以特殊文件的形式保存在客户端,当用户再次访问这个网站时,服务器会自动取出该用户的相关信息。

持久性 Cookie 类似于会话 Cookie,区别在于持久性 Cookie 具有确定的过期日期。当浏览器请求一个创建持久性 Cookie 的页面时,浏览器将 Cookie 保存到硬盘。

持久性 Cookie 在用户的计算机上以纯文本方式存储。因此,不应该在持久性 Cookie 中存储敏感信息,比如口令和信用卡号。持久 Cookie 与会话 Cookie 之间的差别在于增加了过期信息。

4. Cookie 的限制

(1) 单个 Cookie 包含的信息量不能多于 4 KB。

(2) 只能在 Cookie 中存储字符串内容。

(3) 依赖于浏览器。

5. 案例

参考案例 4.2.2-7 cookie 示例。

4.3 程序调试技巧

学习 ASP. NET 一定会遇到很多程序执行错误,如果不掌握调试技巧那么就会在学习之路上寸步难行。本节主要讲述简单的调试技巧,程序员必须掌握基本的调试技巧。

4.3.1 调试技巧 1(断点法)

通常调试中要用到断点调试功能。首先新建一个页面,把代码写在页面的 Page_load 函数里面。本节的例子用于求出所输入的日期(年、月、日)是本年的第几天。代码如下:

```
protected void Page_Load(object sender, EventArgs e)
{
  //这里假设这一年是平年,每一个月的天数用枚举法列出来就可以计算出某月某日是第几
  //天了,先简单的测试一下我们输入的数据是否正确 对其所有的天数求和
  Int32[] months={ 31, 28, 31, 30, 31, 30, 31, 31, 30, 31, 30, 31 };
  //利用 Linq 方法对其求和
  months. Sum();
}
```

先在解决方案里面找到这个页面,然后用鼠标右键单击这个页面,把它设置为起始页(见图 4.1)。

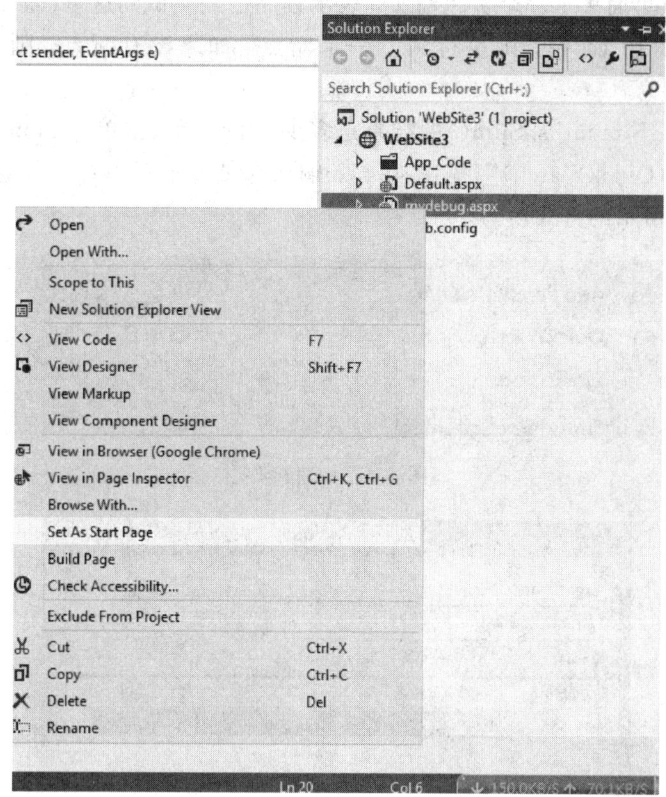

图 4.1 设置起始页

然后在编辑代码页面的最左边设置断点(见图 4.2)。

```
using System.Web.UI;
using System.Web.UI.WebControls;

public partial class mydebug : System.Web.UI.Page
{
    protected void Page_Load(object sender, EventArgs e)
    {
        //这里假设这一年是半年，每一个月的大数用枚举法列出来就可以
        //先简单的测试一下我们输入的数据是否正确 对其所以的天数求和
        Int32[] months = { 31, 28, 31, 30, 31, 30, 31, 31, 30,

        //利用Linq方法对其求和
        months.Sum();

    }
```

图 4.2 在对应代码上设置断点

开始调试，按下 F5，程序已经进入了调试的页面，如图 4.3 所示。

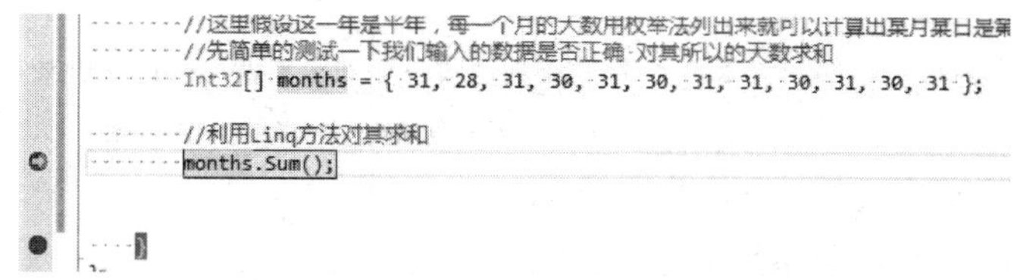

图 4.3 运行断点

在红色的圆点里面多了一个黄色箭头，表示程序已经调试到这里(需要注意，黄色这句还没有执行)。接着按 F5 键，则执行到下一个断点。如果没有断点，则直接运行完函数代码。

现在可以看一下 months. Sum()的结果是多少。用鼠标右击单击 months 这个变量，然后选择“快速查看(QuickWatch)”(见图 4. 4)，输入想要查看的数据，如想查看 months 的和，则按照图4. 5 所示的方式填写。

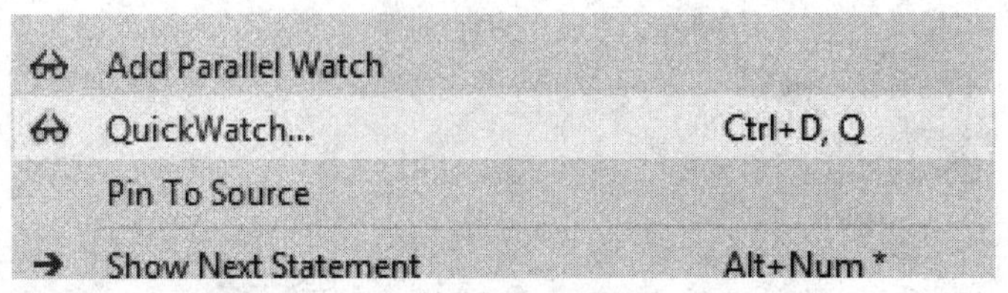

图 4. 4　快速查看

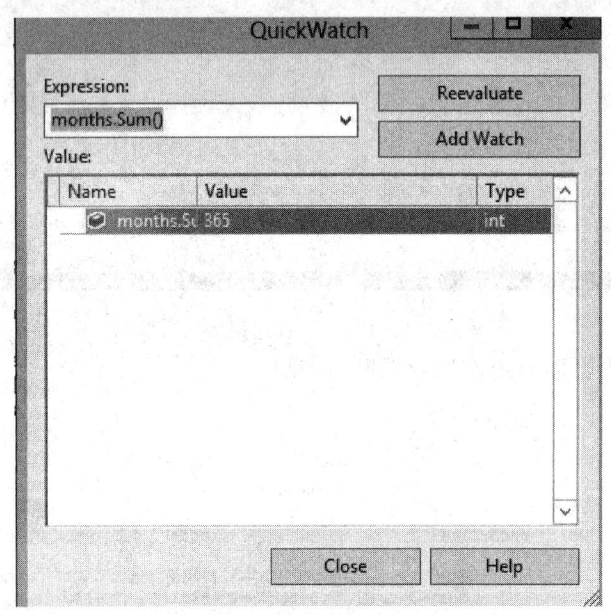

图 4. 5　输入变量查看过程值

这里显示了 value 为 365，说明数据是正确的。

4. 3. 2　调试技巧 2(输出法)

若要看求和的数据，则用 Response. Write 方法把结果输出到屏幕即可。

```
protected void Page_Load(object sender, EventArgs e)
{
  //这里假设这一年是平年，每一个月的天数用枚举法列出来就可以计算出某月某日是第几天了
  //先简单的测试一下我们输入的数据是否正确 对其所有的天数求和
  Int32[] months={ 31, 28, 31, 30, 31, 30, 31, 31, 30, 31, 30, 31 };
  //利用 Linq 方法对其求和
  Response. Write(months. Sum());
```

```
    return;
}
```

在用这个方法调试的时候要在Response.Write后面加一个return语句，这样可以把执行到这个语句之前的结果显示出来，而不必执行后面的语句。这种调试的方法对于在服务器上调试错误还是有帮助的。

4.4 课堂练习

（1）在C#中编写一个网站计数器，要求实现功能：每次用户打开页面时计数器加1。

（2）独立完成本书所有案例。

（3）自己尝试写一个加法程序，并用断点法和Response法单步调测，观察过程变量的值。

第五章　ASP.NET中的控件应用

5.1　Web 服务器控件

与 HTML 服务器控件相比，Web 服务器控件不仅包括一般的文本控件、按钮控件等，还包括验证控件和数据库操作控件等，因此 Web 服务器控件的功能更强大。图 5.1 所示是标准工具箱中的服务器控件。

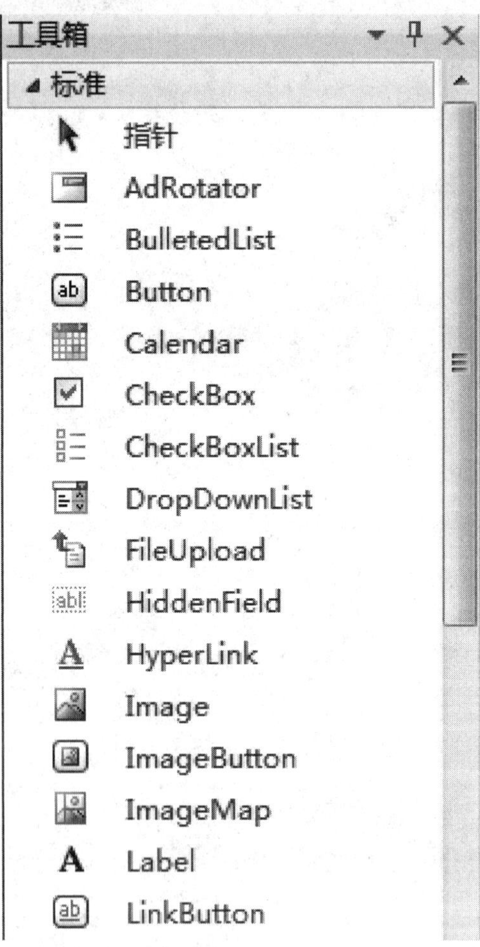

图 5.1　标准工具箱

5.1.1　文本类型控件

文本类控件主要有标签控件 Label 和文本框控件 TextBox。

1. 标签控件(Label)

Label 控件的作用是在页面上显示文本信息，既可以显示静态文本，又可以通过代码来设置该控件的 Text 属性从而动态显示文本信息。Label 控件的语法格式如下：

```
<asp:Label ID="Label1" runat="server" Text="Label"></asp:Label>
```

Web 服务器控件标记以<asp: *** >开始，表示是 Web 服务器控件。<asp:Label>表示该控件是 Label 控件，Text 属性值为显示的静态文本。

备注：如仅为了显示静态文本，可直接在页面上输入文本，不需 Label 控件，因为 Web 服务器控件会占用服务器资源；但若需动态变更文字，则可考虑用 Label 控件。

2. 文本框控件(TextBox)

TextBox 可以接收用户输入的文本。控件的语法格式如下：

```
<asp:TextBox ID="TextBox1" runat="server"></asp:TextBox>
```

(1) 控件有 ReadOnly 属性，表示是否是只读的；

(2) False 代表用户可输入字符串，True 则表示用户不可输入字符串；

(3) TextMode 属性表示文本框类型，有单行、多行和密码三种类型，SingleLine 代表单行，MultiLine 代表多行，Password 代表密码型；

(4) Wrap 属性表示是否自动换行，True 表示自动换行；

(5) Text 属性表示该文本框中的显示文本。

【案例 5.1.1－1】 Label 控件和 TextBox 控件的使用。

(1) 新建一个 ASP.NET 项目，新增 test.aspx 页面，设为起始页。

(2) 在设计视图中，从工具箱中拖拽一个 TextBox 控件和一个控件 Label，如图 5.2 所示为本案例界面图。

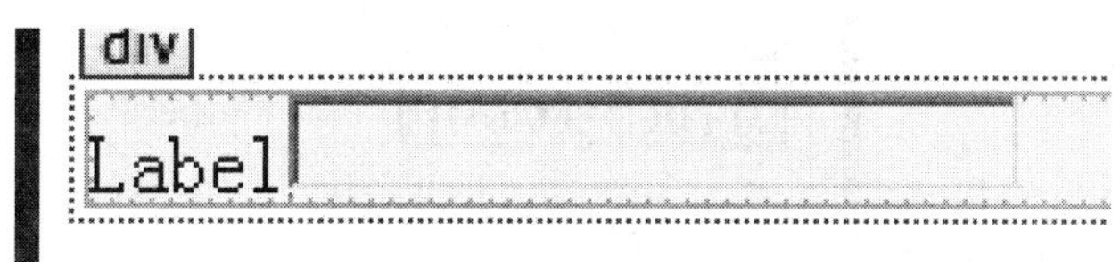

图 5.2　案例 5.1.1－1 的界面图

(3) 把 Label 控件的 id 设置为 Label1，TextBox 控件的 id 设置为 TextBox1。

(4) 双击界面中的 TextBox 控件，在其 TextBox1_TextChanged()事件中添加如下代码：

```
Label1.Text=TextBox1.Text;
```

(5) 按 F5 键运行。在文本框中输入“Hello ASP.NET!”，然后按回车键，则会在 Label 控件中显示所输入的信息。

5.1.2　按钮类型控件

通过单击按钮类型控件可以执行相应的代码。在 ASP.NET 中有 3 种按钮：Button 控件、ImageButton 控件和 LinkButton 控件。

1. 普通按钮(Button)

Button 控件接收用户的单击事件，调用事件处理程序。语法如下：

<asp:Button ID="控件标识符" Runat="server" OnClick="事件处理程序名" Text="单击按钮" />

OnClick 属性表示用户点击后调用的事件处理函数名。

2. 图像按钮(ImageButton)

ImageButton 具有普通按钮的功能，此外它的外观以图像展示。语法如下：

<asp:ImageButton ID="控件标识符" Runat=" server" ImageUrl="显示图像的源文件" OnClick="单击处理事件程序名" Width="图像按钮的宽度" Height="图像按钮的高度" >

</asp:ImageButton>

ImageUrl 属性表示按钮上图像文件的路径及文件名。

3. 链接按钮(LinkButton)

LinkButton 除了有普通按钮功能外，其外观以超级链接的形式显示。语法如下：

<asp:LinkButton ID="控件标识符" Runat="server" OnClick="单击事件处理程序名" Height="控件高度" Width="控件宽度" Text="默认初始文本"> </asp:LinkButton>

【案例 5.1.2-1】 控件按钮的使用。

(1) 新建 ASP.NET 项目，新建 test.aspx 页面，设为起始页。

(2) 切换到设计视图，从工具箱中拖放一个 Label 控件和一个 Button 控件、一个 ImageButton控件和一个 LinkButton 控件，设计界面如图 5.3 所示。尤其要注意 ImageButton 的 ImageUrl 值。

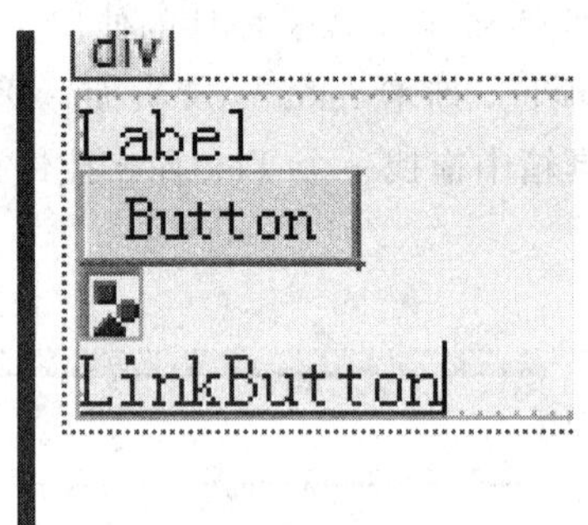

图 5.3 案例 5.1.2-1 的界面图

(3) 分别选中这些控件，查看其 id 值，在下面编码使用，注意给 ImageButton 设置好图片(从外面复制一张图片到工程根目录下，本工程复制的是 arrow.png 图片，在 ImageButton 的 ImageUrl 属性里设置好这张图片)，如图 5.4 所示。

图 5.4 设置 ImageButton 的显示图片

(4) 双击设计界面中的 Button 控件，在其 Button1_Click 事件中添加如下代码。

```
Label1.Text="您单击了 Button 按钮";
```

双击设计界面中的 ImageButton1 控件，在其 Button1_Click()事件中添加如下代码：

```
Label1.Text="您单击了 ImageButton";
```

双击设计界面中的 LinkButton1 控件，在其 LinkButton1_click()事件中添加如下代码：

```
Label1.Text="您单击了 LinkButton 按钮";
```

(5) 按 F5 键调试运行，运行结果如图 5.5 所示。

图 5.5 案例 5.1.2-1 的运行效果图

分别单击 3 个按钮，显示结果如图 5.6 所示。

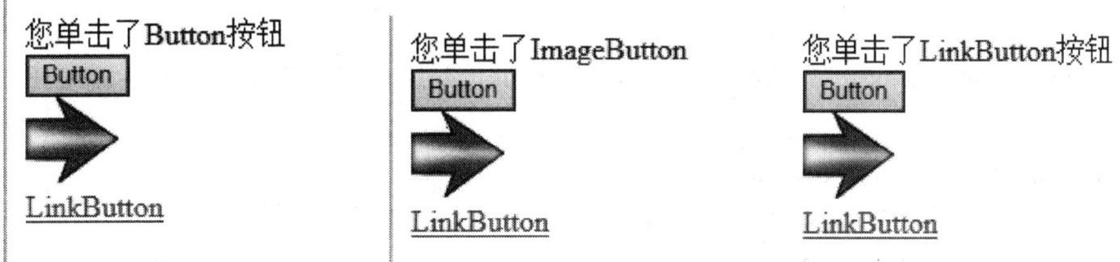

图 5.6 案例 5.1.2-1 中点击 3 类按钮后的效果

5.1.3 列举类型控件

用户可以从列举类型控件中选择一项或多项。列举控件包括 6 个控件：单选按钮 RadioButton、单选按钮组 RadioButton、复选按钮 Check、复选按钮组 CheckBoxList、列表框 ListBox 以及下拉列表框 DropDownList。

1. 单选按钮(RadioButton)控件

RadioButton 控件是一个单选按钮控件，用户只能从一组选项中选择一项。当在网页中只需选择一项时，可以使用该控件。其语法格式如下。

```
<asp:RadioButton ID="控件标识符" Runat="server" GroupName="控件所属组名"
Text="控件文本" AutoPostBack="False|True" Checked="False|True"  OnCheckedChanged=
"控件被选中时触发的事件处理程序名">
</asp:RadioButton>
```

提示：RadioButton 必须设置 GroupName 属性，否则所有的选项都可以被选中，即当且仅当设置其 GroupName 属性时，所属同一组中的 RadioButton 控件在被选中时是互斥的。

【案例 5.1.3－1】 RadioButton 控件的使用。

（1）创建一个空 ASP.NET 工程，添加一个 test.aspx 页面并设为起始页。

（2）切换到设计视图，从工具箱拖放 3 个 RadioButton 控件、一个 Button 控件和一个 Label 控件，设计界面如图 5.7 所示。

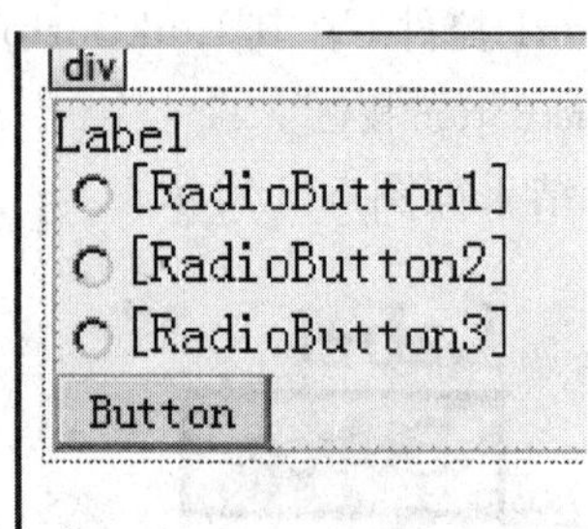

图 5.7 本案例界面初步效果

（3）分别选中这些控件，在其属性窗口设置对应的属性及属性值。

（4）点击界面中“确定选择”按钮（见图 5.8），在其 Button1_Click 事件中添加如下代码：

```
if (this.RadioButton1.Checked == true)
{
   this.Label1.Text="您选择了" + this.RadioButton1.Text + "作为您的第一志愿!";
}
if(this.RadioButton2.Checked == true)
{
   this.Label1.Text="您选择了" + this.RadioButton2.Text + "作为您的第一志愿!";
}
if(this.RadioButton3.Checked == true)
{
   this.Label1.Text="您选择了" + this.RadioButton3.Text + "作为您的第一志愿!";
}
```

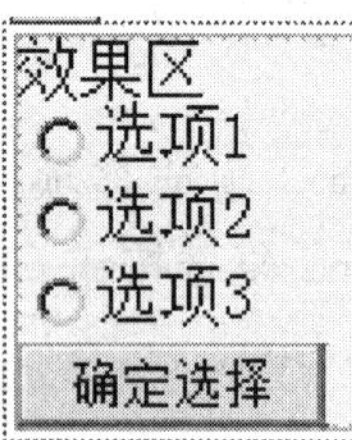

图 5.8 修改 RadioButton 的属性

（5）按 F5 键调试运行，会发现始终是显示如图 5.9 所示界面。

您选择了选项3作为您的第一志愿!
◉选项1
◉选项2
◉选项3
确定选择

图 5.9 运行效果（错误）

这是由于没有设置 GroupName 属性，导致三个选项都可以选择；而代码执行顺序最后就选择了第三个 if 结构。

修改 GroupName 属性，将 3 个 RadioButton 的 GroupName 属性设置为同一个值，即在同一个组，选项就只能同时选择 1 个选项了。

再次运行，结果如图 5.10 所示。

您选择了选项2作为您的第一志愿!
○选项1
◉选项2
○选项3
确定选择

图 5.10　运行效果(正确)

选择选项后，则显示相应选项的文本。

2. 单选按钮组(RadioButtonList)控件

RadioButton 控件在判断同组内的某一选项是否被选中时，必须判断所有的 RadioButton 控件的 Checked 属性，编程很麻烦。所以 ASP.NET 提供了 RadioButtonList 控件，可以方便地管理互斥选项。RadioButtonList 控件语法如下：

```
<asp:RadioButtonList ID="RadioButtonList1" runat="server">
</asp:RadioButtonList>
```

几个常用属性如下：

RepeatDirection 属性表示 RadioButtonList 控件的排列方式是水平的还是垂直的，Horizontal 表示水平方式，Vertical 表示垂直方式，DataSource 表示绑定的数据源，OnSelectedlndexChanged 表示事件处理程序名。

其中的选项可以按照如下方式编写：

```
<asp:Listltem>选择项 1</asp:Listltem>
<asp:Listltem>选择项 2</asp:Listltem>
```

【案例 5.1.3-2】　RadioButtonList 控件的使用。

(1) 新建工程，在工程中增加 test.aspx 页面，在页面上增加 RadioButtonList 控件。选中该控件，单击控件右上方的按钮，可以看到“编辑项...”任务菜单(见图 5.11)。

图 5.11　编辑 RadioButtonList 的数据项

(2) 选择"编辑项..."菜单项，显示如图 5.12 所示界面。

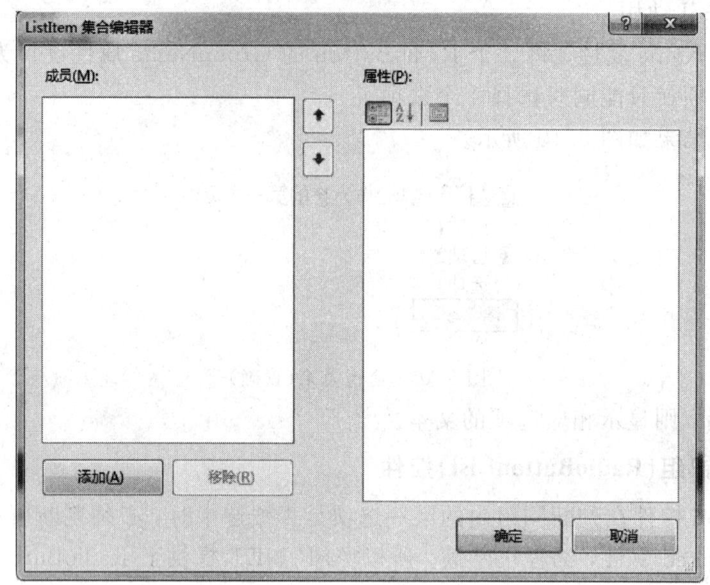

图 5.12　RadioButtonList 的编辑项界面

点击增加，可以增加新的选项(见图 5.13)。

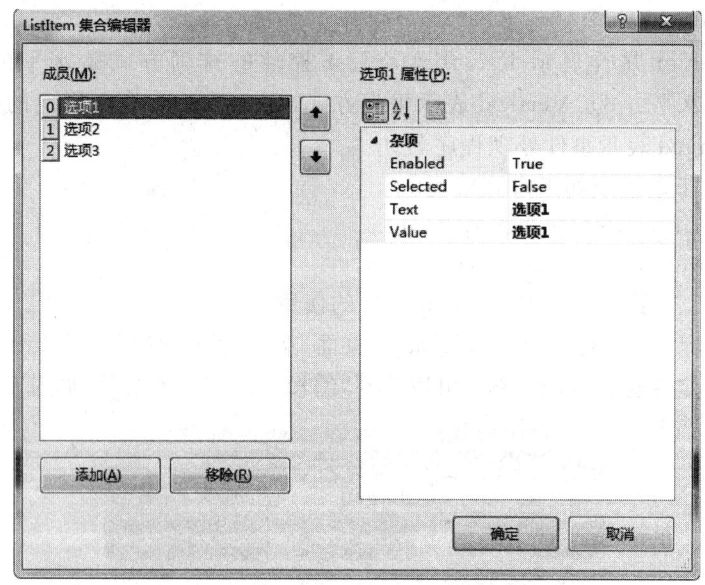

图 5.13　为 RadioButtonList 添加子项

(3) 分别选中这些控件，在其属性窗口设置对应的属性及属性值。

(4) 双击设计界面中的"确定"按钮(见图 5.13)，在其 Button1_Click 事件中添加代码。

```
this. Label1. Text=this. RadioButtonList1. SelectedItem. Text;
```

(5) 按 F5 键调试运行。选择不同的选项后，点击"确定"按钮，即可显示相应的信息(见图 5.14)。

选项3

○选项1

○选项2

◉选项3

图 5.14 编辑后的效果

(6) 比较案例 5.1.3－1 和案例 5.1.3－2，分析选择哪种方式更简单。

3. 复选按钮(CheckBox)

如果在多个选项中需要选择项不止一个，可使用 CheckBox 控件来允许用户进行多项选择。语法如下：

```
<asp:CheckBox ID="控件标识符"Runat="server"
AutoPostBack="False|True" Checked="False|True"
OnCheckedChanged="事件处理程序名" Text="选择项文本">
</asp:CheckBox>
```

【案例 5.1.3－3】 CheckBox 控件的使用。

(1) 创建一个空 ASP.NET 工程，添加一个 test.aspx 页面，设为起始页。

(2) 切换到设计视图，从工具箱中拖放 4 个 CheckBox 控件、一个 Button 控件和一个 Label 控件，设计界面如图 5.15 所示。

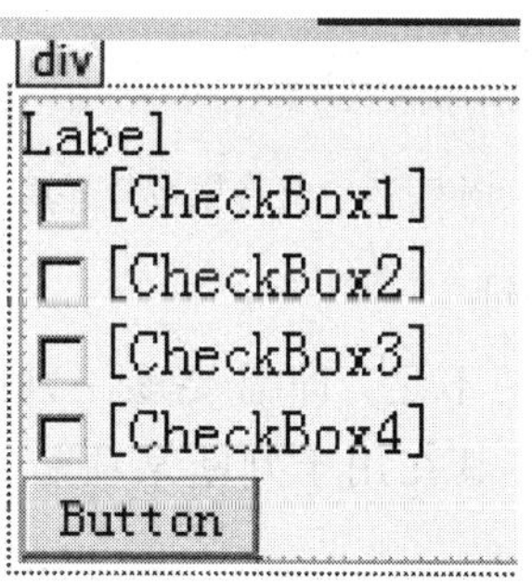

图 5.15 复选框未设置值之前的界面

(3) 分别选中这些控件，在其属性窗口设置对应的属性及属性值。

(4) 双击设计界面中的“确定”按钮(见图 5.16)，在其对应的 Button1_Click 事件中添加代码：

```
string str="您的爱好是：";
if (CheckBox1.Checked == true)
   str += CheckBox1.Text + "、";
if (CheckBox2.Checked == true)
   str += CheckBox2.Text + "、";
```

```
if (CheckBox3.Checked == true)
   str += CheckBox3.Text + "、";
if (CheckBox4.Checked == true)
   str += CheckBox4.Text + "、";
Label1.Text=str;
```

图 5.16　为复选框设置值之后的界面

(5) 按 F5 键调试运行，运行结果如图 5.17 所示。选择选项后单击“提交”按钮，即可显示相应的信息。

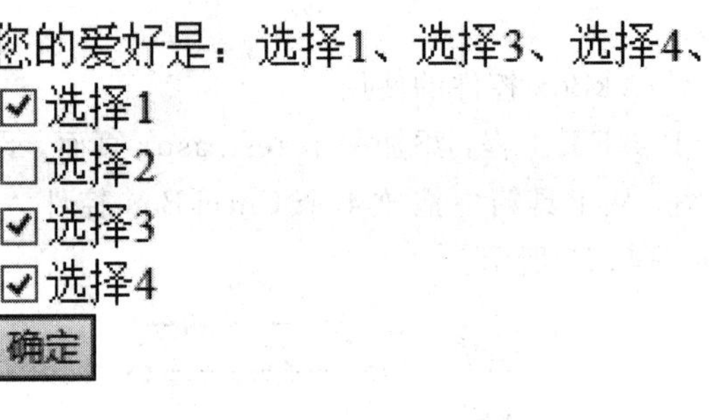

图 5.17　复选框运行界面

4. 复选按钮组(CheckBoxlist)

CheckBox 控件也有其自身的不足，即需要逐一判断，给程序员带来了麻烦。ASP.NET 提供了 CheckBoxList 控件，其在用于判断某项是否被选中时非常方便。CheckBox-List 控件的语法如下：

```
<asp:CheckBoxList ID="控件标识符" runat="server"
AutoPostBack="False|True" DataSourceID="控件绑定的数据源"
RepeatDirection="Vertical|Horizontal" RepeatLayout="Table|Flow">
<asp:Listltem>选项 1</asp:Listltem>
<asp:Listltem>选项 2<asp:Listltem>
</asp:CheckBoxList>
```

【案例 5.1.3－4】　CheckBoxList 控件的使用。

(1) 新建空 ASP.NET 工程，增加 test.aspx 页面，在页面上添加 CheckBoxList 控件，选中该控件右上方的按钮，打开如图 5.18 所示的任务菜单。

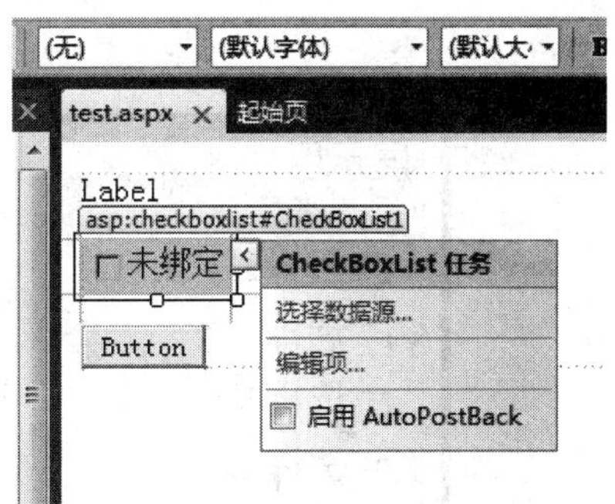

5.18 CheckBoxList 案例开发界面 1

(2) 选择"编辑项"菜单项，或在其属性窗口中增加一些项目，并编辑各条项目的文字和属性。同时修改 Lable 和 Button 控件的文字(见图 5.19)。

图 5.19 为 CheckBoxList 设置项目

(3) 双击设计界面中的"确定"按钮(见图 5.20)，在其 Button1_Click 事件中添加如下代码：

```
string str="您的爱好是：";
for (int i=0; i < CheckBoxList1.Items.Count; i++)
{
  if (CheckBoxList1.Items[i].Selected == true)
  {
    str += CheckBoxList1.Items[i].Text + "、";
  }
}
```

Label1. Text=str;

图 5.20 CheckBoxList 案例开发界面 2

(4) 按 F5 键调试运行，运行结果如图 5.21 所示。选择选项后单击“确定”按钮，即可显示相应的信息。

您的爱好是：选择1、选择3、选择4、
☑选择1
☐选择2
☑选择3
☑选择4
确定

图 5.21 CheckBoxList 案例运行效果

5. 列表框(ListBox)控件

ListBox 也叫列表框，可将所有选项列举出来让用户从中选择，可选择一项或多项。语法如下：

```
<asp:ListBox ID="控件表示符" Runat="server"
AutoPostBack="FalseTrue" DataSource="控件绑定的数据源"
OnSelectedlndexChanged="事件处理程序名"
SelectionMode="Single|Multiple">
        <asp:Listltem>选项 1</asp:Listltem>
        <asp:Listltem>选项 2</asp:Listltem>
</asp:ListBox>
```

备注：SelectionMode 属性表示列表框控件中选项的选择方式，即一次可以选择一项或多项，默认值为 Single，表示一次只能选择一项。如果要从列表框中选择多项，只需将列表框控件的 SelectionMode 属性设置为 Multiple 即可。

【案例 5.1.3-5】 ListBox 控件的使用。

(1) 创建一个空 ASP.NET 工程，添加一个 test.aspx 页面，设为起始页。

（2）切换到设计视图，从工具箱中拖放一个 ListBox 控件、一个 Button 控件和一个 Label控件，如图 5.22 所示。

5.22 ListBox 案例设计界面

（3）选中 ListBox 控件，单击控件右上方的按钮，或在其属性窗口中的 Items 属性集右边单击按钮，打开其任务菜单，如图 5.23 所示。

图 5.23 ListBox 控件选择数据项菜单

选择“编辑项...”菜单项，打开如图 5.24 所示的对话框，新增四个项目。

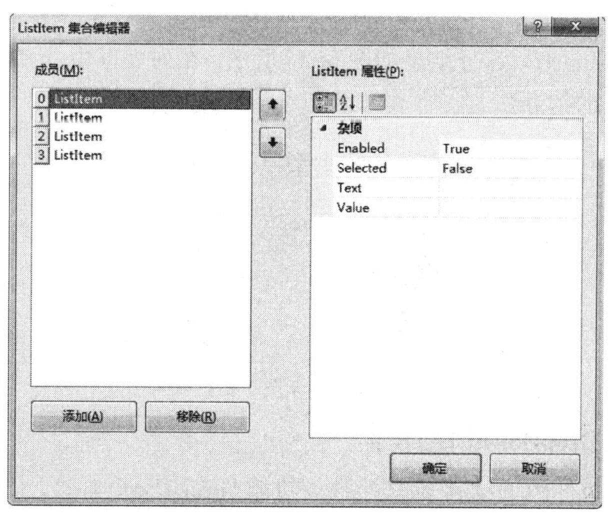

图 5.24 ListBox 控件添加数据项

(4) 单击“添加”按钮，在“属性”列表中的 Text 属性右边输入“选择 1”。单击“添加”按钮，继续添加其他选项直到“选择 4”。所有选项添加完毕后单击“确定”按钮，设计界面如图 5.25 所示。

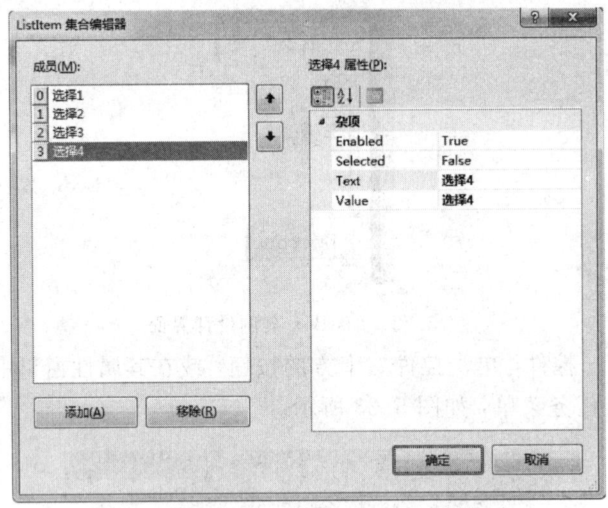

图 5.25　ListBox 控件数据项属性设置

(5) 分别选中这 3 个控件，在其属性窗口设置对应的属性及属性值。

(6) 双击设计界面中的“确定”按钮(见图 5.26)，在其 Button1_Click 事件中添加代码：

```
this.Label1.Text="你喜欢的类型是：" + this.ListBox1.SelectedItem.Text;
```

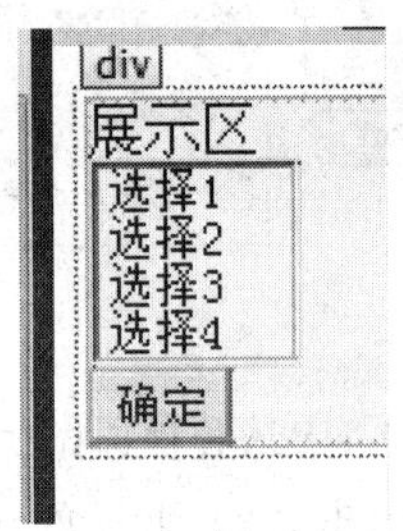

图 5.26　ListBox 控件数据项属性设置效果

(7) 按 F5 键调试运行，运行结果如图 5.27 所示。在列表框中选择某一项，单击“确定”按钮，即可显示相应的信息。

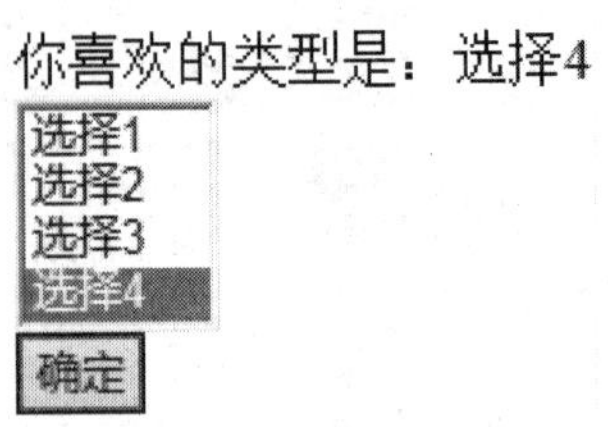

图 5.27　ListBox 案例运行效果

6. 下拉列表框(DropDownList)控件

DropDownList 控件为下拉列表框控件，功能与 ListBox 类似，但只允许用户选择一项，其与 ListBox 外观也不同。语法如下：

```
<asp:DropDownList ID="控件标识符" runat="server" Width="宽度"
Height="高度" AutoPostBack="|PalseTrue"
DataSourceID="控件绑定的数据源">
<asp:Listltem>选项 1</asp:Listltem>
<asp:Listltem>选项 2</asp:Listltem>
</asp:DropDownList>
```

【案例 5.1.3 - 6】 DropDownList 控件的使用。

(1) 创建一个空 ASP.NET 工程，添加一个 test.aspx 页面，设为起始页。

(2) 切换到设计视图，从工具箱中拖放一个 DropDownList 控件、一个 ListBox 控件，以及一个 Button 按钮，如图 5.28 所示。

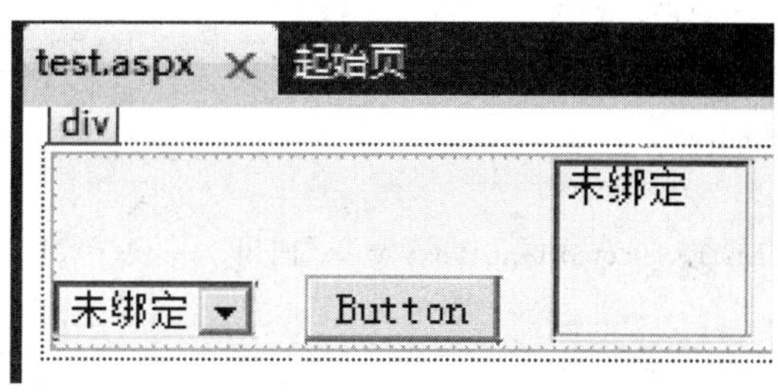

图 5.28 DropDownList 案例设计界面

(3) 分别选中这三个控件，在其属性窗口设置对应的属性及属性值。其中 DropDownList 的设置如图 5.29 所示，即分别设置“重庆”和“四川”两个选项，其 Text 和 Value 属性都设置成相同的。

图 5.29 DropDownList 控件设置选项

其中 Button 按钮把 Text 属性设置为“确定”，ListBox 的属性不做任何设置。

(4) 在设计视图中选中 Button 控件，双击后，进入 Button1_Click 事件，添加如下代码：

```
if (this.DropDownList1.SelectedItem.Text == "重庆")
{
    ArrayList listhere1=new ArrayList();
    listhere1.Add("沙坪坝");
    listhere1.Add("渝中区");
    listhere1.Add("江北区");
    listhere1.Add("大渡口区");
    listhere1.Add("九龙坡区");
    listhere1.Add("南岸区");
    this.ListBox1.DataSource=listhere1;
    ListBox1.DataBind();
}
if(this.DropDownList1.SelectedItem.Text == "四川")
{
    ArrayList listhere2=new ArrayList();
    listhere2.Add("成都市");
    listhere2.Add("绵阳市");
    listhere2.Add("遂宁市");
    listhere2.Add("西昌市");
    listhere2.Add("攀枝花市");
    this.ListBox1.DataSource=listhere2;
    this.ListBox1.DataBind();
}
```

(5) 按 F5 键调试运行，运行结果如图 5.30 所示。

图 5.30　DropDownList 案例运行效果

5.2 验证控件

当用户在登录、注册等页面中输入信息不符合要求时(为空或日期输错等情况)，页面上会出现“不能为空”、“日期格式错误”等字样的提示信息，这些提示信息可以通过 ASP.NET 中的验证控件来实现。

ASP.NET 中的验证控件有 6 个：必填验证 RequiredFieldValidator、范围验证 RangeValidator、正则表达式验证 RegularExpressionValidator、比较验证 CompareValidator、用户自定义验证 CustomValidator、验证控件总和 ValidationSummary。

5.2.1 必填验证控件

必填验证控件用来验证那些必须输入信息的控件中是否输入了信息。例如用户在登录电子信箱时，账户名是必须输入的。必填验证控件的语法格式如下：

```
<asp:RequiredFieldValidator ID="控件标识符" Runat="server"
ControlToValidate="要验证的控件名" Display="Static|Dynamic|None"
ErrorMessage="要验证错误的提示信息">
</asp:RequiredFieldValidator>
```

其中，ControlToValidate 属性是 ReguiredFieldValidator 控件要验证的控件，通常为文本框。Display 属性为显示方式，默认值为 Static。ErrorMessage 属性为 ReguiredField-Validator 控件验证出错时显示的提示信息。

【案例 5.2.1-1】 ReguiredFieldValidator 控件的使用。

(1) 创建一个 ASP.NET 空工程，添加 test.aspx 页面，设为起始页。

(2) 在设计视图中添加两个文本框，分别用来接收用户输入的用户名和密码；拖放两个验证控件；一个 Button 控件，用于提交表单；一个 Label 控件，用于显示信息。设计界面如图 5.31 所示。

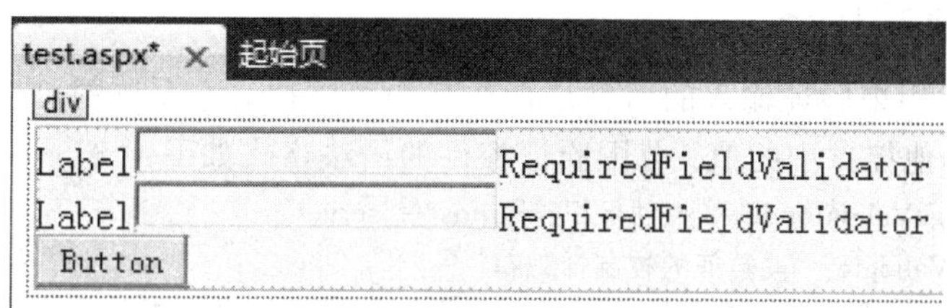

图 5.31 ReguiredFieldValidator 案例设计界面(1)

(3) 修改控件属性。

Lable1 的 Text 修改为“用户名”；Lable2 的 Text 修改为“密码”；Lable3 的 Text 修改为“结果展示区”；两个 TextBox 属性不修改；Button 的 Text 修改为“登录”；第一个 RequiredFieldValidator 的 ControlToValidate 修改为“TextBox1”，ErrorMessage 修改为“必填”；第二个 RequiredFieldValidator 的 ControlToValidate 修改为“TextBox2”，ErrorMessage修改为“必填”。具体如图 5.32 所示。

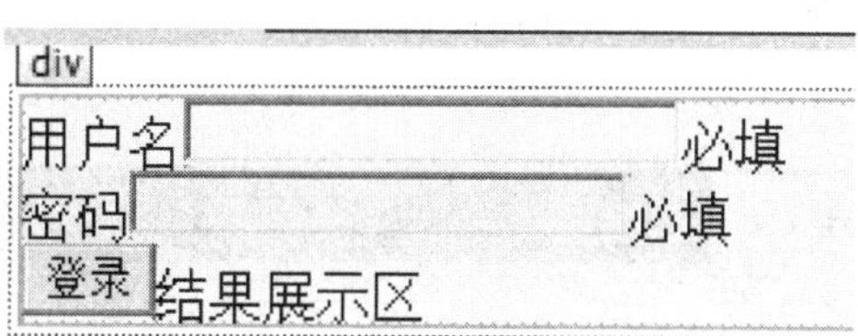

5.32 ReguiredFieldValidator 案例设计界面(2)

(4) 双击设计视图中的“登录”按钮，在对应的 Button1_Click 事件中添加如下代码；

```
if ((RequiredFieldValidator1.IsValid==true)&&(RequiredFieldValidator2.IsValid==true))
{
    this.Label3.Text="恭喜您通过验证!";
}
```

(5) 按 F5 键调试运行，结果如图 5.33 所示。

在图中如果不输入任何信息或只输入一个文本框，单击“登录”按钮，验证控件会提示“必填”。如果输入信息，单击“登录”按钮，则会提示验证通过。

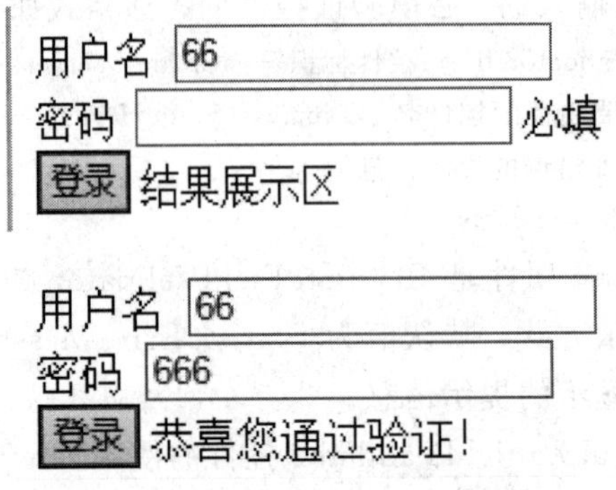

5.33 ReguiredFieldValidator 案例运行效果

提示：在 Button1_Click 事件中使用了验证控件 RequiregFieldValidator 的 IsValid 属性来判断是否通过了验证(通过为 True，否则为 False，且不执行 Button1_Click 事件代码)。

5.2.2 范围验证控件

范围验证控件用来验证输入的信息是否在某个范围内，这个范围可以通过属性窗口设置，也可以使用其他控件中的值。范围验证控件的语法格式如下：

```
<asp:RangeValidator ID="控件标识符" runat="server"
ControlToValidate="被验证的控制标识符"
ErrorMessage="验证错误时的提示信息"
MaximumValue="验证范围最大值" MinimumValue="验证范围最小值">
</asp:RangeValidator>
```

属性 Type 的值有“String|lnteger|Double|Date|Currency”，表示被验证的数据类型，默认值为 String 类型。

【案例 5.2.2-1】 RangeValidator 的使用。

(1) 创建一个 ASP.NET 空工程，添加 test.aspx 页面，设为起始页。

(2) 在设计视图中添加两个文本框，分别用来接收用户输入的用户名和年龄；拖放一个 RangeValidator 验证控件；一个 Button 控件，用于提交表单；一个 Label 控件，用于显示信息。设计界面如图 5.34 所示。

test.aspx ✕ 起始页
div
姓名
年龄 RangeValidator
确定 结果展示区

图 5.34 RangeValidator 案例设计界面(1)

(3) 修改 RangeValidator 控件属性，属性 ErrorMessage 设置为"范围异常"；属性 ControlToValidate设置为"TextBox2"；属性 Type 设置为"Integer"；属性 MaximumValue 设置为"200"；属性 MinimumValue 设置为"0"。属性 ValidationGroup 设置为"g1"。同时把 Button 空间的属性ValidationGroup 设置为"g1"(见图 5.35)。

图 5.35 RangeValidator 案例设计界面(2)

(4) 双击设计视图中的“确定”按钮，在对应的 Button1_Click 事件中添加如下代码：

```
if(RangeValidator1.IsValid == true)
{
    Label1.Text="您输入的年龄："+TextBox2.Text+"通过验证!";
}
```

(5) 按 F5 键调试运行，结果如图 5.36 所示。

在图中，如果在“年龄”文本框中输入 666，单击“确定”按钮，验证控件会提示输入的年龄必须在 0～200 岁之间。

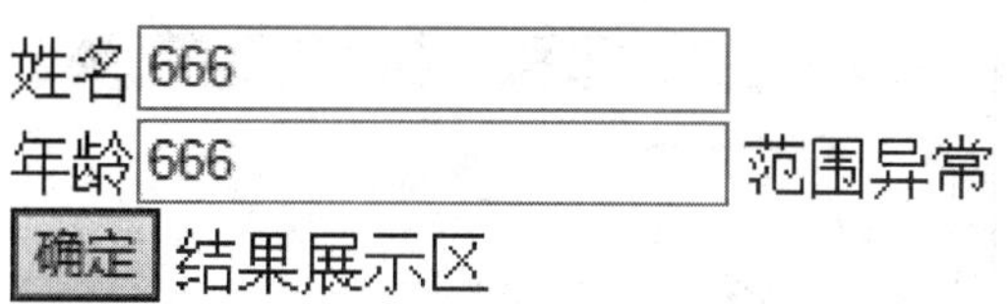

图 5.36 RangeValidator 案例运行效果一异常数据

如果输入的年龄在 0～200 之间，例如输入 66，单击“确定”按钮，则会提示验证通过，如图 5.37 所示。

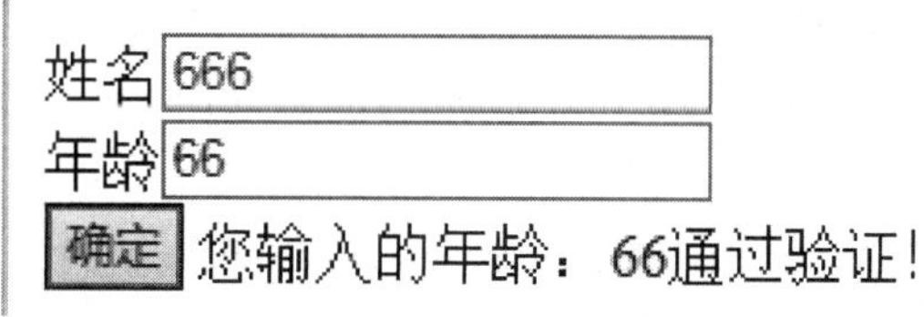

图 5.37 RangeValidator 案例运行效果一正常数据

注意：如果在“年龄”文本框中不输入信息，那么也会提示验证通过，这是因为 ASP.NET 默认不对空信息进行验证。但是只要输入信息，且输入的信息不在验证范围内，就不能通过验证。

5.2.3 正则表达式验证控件

正则表达式验证控件用来验证用户输入的信息是否符合某种格式，防止用户输入垃圾数据，应用场景包括录入身份证、电话、电子邮箱等。语法如下：

```
<asp:RegularExpressionValidator ID="控件标识符" Runat="server"
ControlToValidate="被验证的控件标识符"
ErrorMessage="验证错误时的提示信息"
ValidationExpression="正则表达式">
</asp:RegularExpressionValidator>
```

ValidationExpression 属性用来设置正则表达式，该值可以由用户自行设置，也可以通过属性窗口设置。由于其中的规则较多，所以建议读者使用属性窗口设置。具体方法如下：

(1) 在设计视图选中 RegularExpressionValidator 控件，在其属性窗口中单击 ValidationExpression 属性右边的按钮，打开“正则表达式编辑器”对话框。

(2) 在“标准表达式”列表框中选择需要的表达式，在“验证表达式”文本框中会出现相应的验证表达式，然后单击“确定”按钮即可。

【案例 5.2.3-1】 RegularExpressionValidator 控件的使用。

(1) 创建一个 ASP.NET 空工程，添加 test.aspx 页面，设为起始页。

(2) 在设计视图中添加两个文本框，分别用来接收用户输入的身份证号码和电话号码；拖放两个 RegularExpressionValidator 验证控件和两个 RequiredFieldValidator 验证控件；一个 Button 控件，用于提交表单；一个 Label 控件，用于显示信息。设计界面如图 5.38 所示。

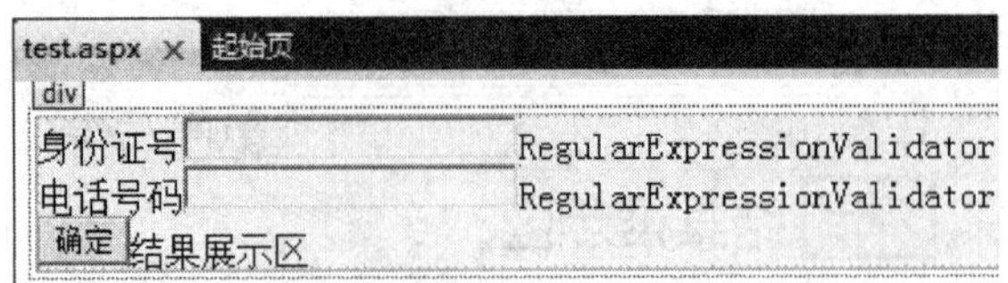

图 5.38 RegularExpressionValidator 案例设计界面

(3) 修改控件属性，如下列代码所示：

```
身份证号<asp:TextBox ID="TextBox1" runat="server"></asp:TextBox>
<asp:RegularExpressionValidator ID="RegularExpressionValidator1" runat="server"
ControlToValidate="TextBox1" ErrorMessage="身份证号码非法!" ValidationExpression="\d{17}[\
d|X]|\d{15}"
ValidationGroup="g1"></asp:RegularExpressionValidator>
<asp:RequiredFieldValidator ID="RequiredFieldValidator1" runat="server"
ControlToValidate="TextBox1" ErrorMessage="必填!"
ValidationGroup="g1"></asp:RequiredFieldValidator>
    <br />
手机号码<asp:TextBox ID="TextBox2" runat="server"></asp:TextBox>
<asp:RegularExpressionValidator ID="RegularExpressionValidator2" runat="server"
ControlToValidate="TextBox2" ErrorMessage="手机号码非法!"
ValidationExpression="((13[0-9]{9})|(15[0-9]{9})|(18[0-9]{9})|(17[0-9]{9}))"
```

```
ValidationGroup="g1"></asp:RegularExpressionValidator>
<asp:RequiredFieldValidator ID="RequiredFieldValidator2" runat="server"
ControlToValidate="TextBox2" ErrorMessage="必填!"
ValidationGroup="g1"></asp:RequiredFieldValidator>
        <br />
<asp:Button ID="Button1" runat="server" Text="确定" ValidationGroup="g1"
onclick="Button1_Click" />
<asp:Label ID="Label1" runat="server" Text="结果展示区"></asp:Label>
```

(4) 双击设计视图中的"确定"按钮，在对应的btnSubmit_Click()事件中添加如下代码：

```
if ((RegularExpressionValidator1.IsValid == true) &&
(RegularExpressionValidator2.IsValid == true))
{
    Label1.Text="您输入的身份证" + TextBox1.Text + "和电话号码" +
    TextBox2.Text + "通过验证!";
}
```

(5) 按F5键调试进行。

如果在"身份证号码"文本框中输入的身份证号码不符合格式要求，或在"手机号码"文本框中输入的号码不符合格式要求，单击"确定"按钮，验证控件将提示格式不正确(见图5.39)。

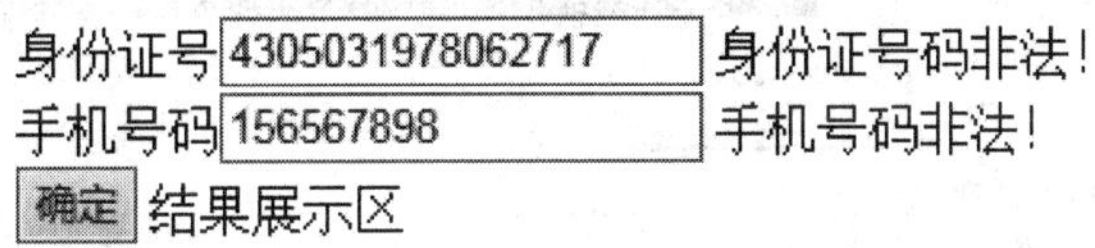

图5.39 RegularExpressionValidator案例运行效果(异常数据)

如果输入的"身份证号码"和"手机号码"格式都正确，单击"确认"按钮，则会提示验证通过(见图5.40)。

身份证号 430503197806270017
手机号码 15656789876
确定 您输入的身份证430503197806270017和电话号码15656789876通过验证!

图5.40 RegularExpressionValidator案例运行效果(正常数据)

提示：对于正则表达式，其中的规则较多。建议大家在查阅相关资料的前提下保存常用的验证正则表达式以方便日后使用。

5.2.4 比较验证控件

比较验证控件用来验证被验证控件和某一固定值，或其他控件值是否满足某一逻辑关系。如验证两次输入的密码是否一致，输入的年龄是否大于18岁等。比较验证控件的语法格式如下：

```
<asp:CompareValidator
    ID="控件标识符"
    Runat="server"
    ControlToCompare="被比较的控件标识符"
    ErrorMessage="被验证的控件标识符"
    ErrorMessage="验证错误时的提示信息"
    Operator="Equal|NoEqual|GreaterThan|GreaterThanEqual| LessThanEqual|
                DataTypeCheck">
</asp:CompareValidator>
```

ControlToCompare 属性表示被比较的控件标识符，即被验证的控件和 ControlToCompare 属性所指的控件进行比较。该属性也可以用 ValueToCompare 属性指代，如果用 ValueToCompare 属性，则表示和某一固定值比较。Operator 表示被验证控件和被比较控件之间的逻辑关系，默认值是 Equal，表示相等，可以根据需要设置。

【案例 5.2.4 - 1】 CompareValidator 控件的使用。

(1) 创建一个 ASP. NET 空工程，添加 test. aspx 页面，设为起始页。

(2) 在设计视图中添加 3 个文本框，分别用来接收用户输入的用户名、密码和确认密码；拖放一个验证控件；一个 Button 控件，用于提交表单；一个 Label 控件，用于显示信息。设计界面如图 5.41 所示。

图 5.41　CompareValidator 案例设计界面

(3) 修改控件属性，代码如下所示：

```
用户名<asp:TextBox ID="TextBox1" runat="server"></asp:TextBox>
        <br />
密码<asp:TextBox ID="TextBox2" runat="server"></asp:TextBox>
        <br />
确认密码<asp:TextBox ID="TextBox3" runat="server"></asp:TextBox>
<asp:CompareValidator ID="CompareValidator1" runat="server"
ControlToCompare="TextBox2"
ControlToValidate="TextBox3"
ErrorMessage="两次密码不一致">
</asp:CompareValidator>
        <br />
```

```
<asp:Button ID="Button1" runat="server" Text="确定" />
<asp:Label ID="Label1" runat="server" Text="结果展示区"></asp:Label>
```

(4) 双击设计视图中的“确定”按钮，在对应的 Button1_Click 事件中添加如下代码：

```
Label1.Text="您好！<br>" + "您第一次输入的密码是：" + TextBox2.Text + "<br>" + "
您第二次输入的密码是：" + TextBox3.Text;
```

(5) 按 F5 键调试运行。在图中，如果在“确认密码”文本框中输入的密码和在“密码”文本框中输入的密码不一致，则单击“确认”按钮后，验证控件会提示密码不一致(见图5.42)。

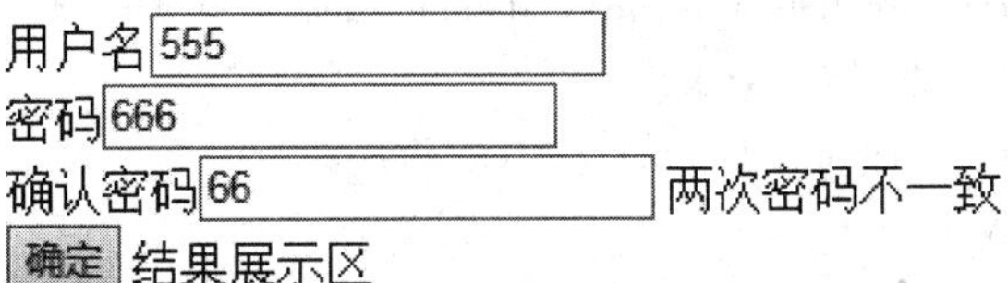

图 5.42　CompareValidator 案例运行效果—异常情况

如果再次输入的密码一致，单击“确认”按钮，则会提示验证通过(见图 5.43)。

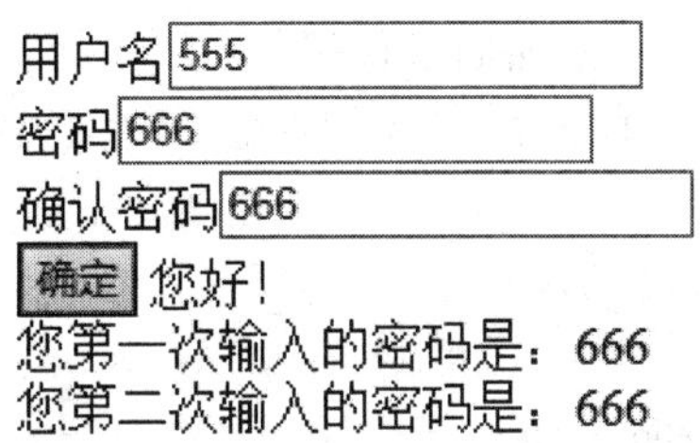

图 5.43　CompareValidator 案例运行效果—正常情况

5.2.5　用户自定义验证控件

用户自定义验证控件是为了满足特殊需求的控件。当前述验证控件不能满足需求时，可通过自定义验证控件来设置。语法如下：

```
<asp:CustomValidator
    ID="控件标识符"
    rnat="server"
    ControlToValidate="被验证的控件标识符"
    ErrorMessage="验证错误时的提示信息"
    OnServerValidate="服务器端验证函数">
</asp; CustomValidator>
```

【案例 5.2.5-1】　CustomValidator 控件的使用。

(1) 创建一个 ASP.NET 空工程，添加 test.aspx 页面，设为起始页。

(2) 在设计视图中添加一个文本框，用来接收用户输入的数据；拖放一个用户验证控件；一个 Button 控件，用于提交表单；一个 Label 控件，用于显示信息。设计界面如图 5.44 所示。

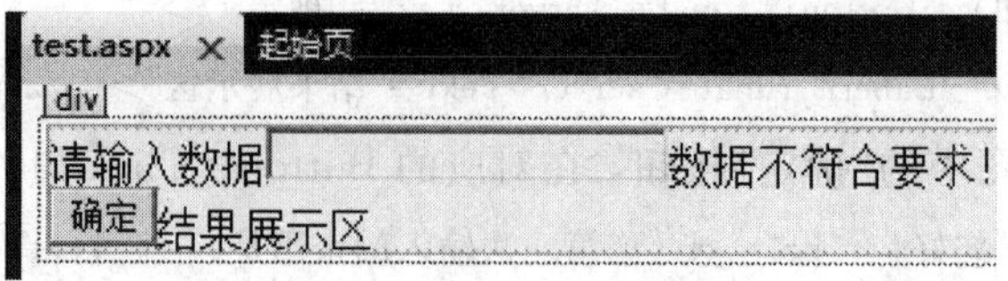

图 5.44　CustomValidator 案例设计界面

(3) 修改控件属性，代码如下所示：

```
请输入数据<asp:TextBox ID="TextBox1" runat="server"></asp:TextBox>
<asp:CustomValidator ID="CustomValidator1" runat="server"
ErrorMessage="数据不符合要求!"
onservervalidate="CustomValidator1_ServerValidate">
</asp:CustomValidator>
        <br />
<asp:Button ID="Button1" runat="server" Text="确定" />
<asp:Label ID="Label1" runat="server" Text="结果展示区"></asp:Label>
```

(4) 双击设计界面中的 CustomValidator 控件 CustomValidator1，在对应的 CustomValidator1_ServerValidate 事件中添加如下代码：

```
int t=int.Parse(TextBox1.Text); //获取用户输入，需录入整数
int i=2;
if (t % i == 0)//判断是否为偶数
{
  CustomValidator1.IsValid=true;
}
else
{
CustomValidator1.IsValid=false;
}
if (CustomValidator1.IsValid)
{
  this.Label1.Text="输入为偶数!";
}
else
{
  this.Label1.Text="输入不为偶数!";
}
```

(5) 按 F5 键调试运行，如果输入的数据不是偶数，单击“确定”按钮后结果如图 5.45 所示。

请输入数据 7
确定 输入不为偶数!

图 5.45　CustomValidator 案例验证界面(问题数据)

如果输入的数据是偶数，单击“确定”按钮，则会通过验证，同时显示提示信息，如图5.46所示。

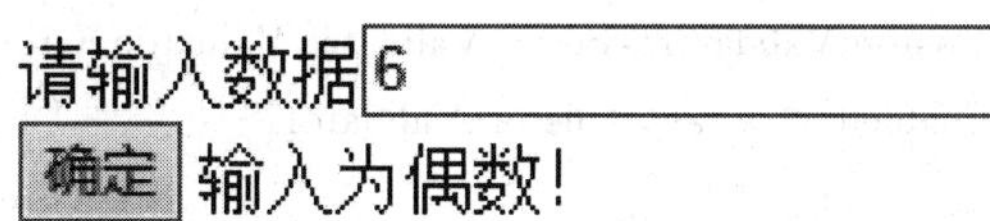

图 5.46 CustomValidator 案例验证界面(正常数据)

提示：需要搭配 RequiredFieldValidator 一起使用，防止空值。

5.2.6 验证控件总和

验证控件总和 ValidationSummary 为用户提供摘要，摘要显示页面中所有未能通过验证的验证控件的 ErrorMessage。其语法格式如下。

```
<asp:ValidationSummary
        ID="控件标识符"
        Runat="server"
        DisplayMode="Bullet|List|SingleParagraph"
        HeaderText="在摘要中显示的标题头文本信息"
        ShowMessageBox="Fasle|True"
</asp:ValidationSummary>
```

其中，DisplayMode 属性表示验证控件总和错误信息的显示方式，默认值为 BulletList，即以项目符号的方式显示错误信息；HeaderText 属性表示在显示汇总错误时的标题头；ShowMessageBox 属性表示是否显示消息提示框，默认值为 False，即不显示消息提示框。

【案例 5.2.6－1】 ValidationSummary 控件的使用。

(1) 创建一个 ASP.NET 空工程，添加 test.aspx 页面，设为起始页。

(2) 在设计视图中添加 6 个文本框，分别用来接收用户输入的用户名、密码、确认密码、电子邮箱、通讯地址和邮政编码，对应的 id 属性分别为 txtName、txtPwd、txtPwd2、txtEmail、txtAddress 和 txtcode。其中两个必填验证控件分别为验证用户的用户名和通信地址；一个范围验证控件，用于验证密码的位数；一个比较验证控件，用于验证确认密码与密码是否一致；两个正则表达式验证控件，分别用于验证电子邮箱和邮政编码的格式是否正确；一个验证控件总和，用于以摘要形式显示页面中的错误信息；一个 Button 控件，id 属性为 btnSubmit，Text 属性为“确定”，用于提交表单。

(3) 修改各个验证控件的属性，代码如下所示：

```
用户名<asp:TextBox ID="txtName" runat="server"></asp:TextBox>
<asp:RequiredFieldValidator ID="RequiredFieldValidator1" runat="server"
ControlToValidate="txtName" ErrorMessage="必填"
ValidationGroup="g1"></asp:RequiredFieldValidator>
        <br />
密码<asp:TextBox ID="txtPwd" runat="server"
```

```
ontextchanged="txtPwd_TextChanged"></asp:TextBox>
<asp:CustomValidator ID="CustomValidator1" runat="server"
ControlToValidate="txtPwd" ErrorMessage="密码长度应为 6-8 位"
onservervalidate="CustomValidator1_ServerValidate" ValidationGroup="g1"
ViewStateMode="Enabled"></asp:CustomValidator>
        <br />
确认密码<asp:TextBox ID="txtPwd2" runat="server"></asp:TextBox>
<asp:CompareValidator ID="CompareValidator1" runat="server"
ControlToCompare="txtPwd"
ControlToValidate="txtPwd2" ErrorMessage="两次密码不一致"
ValidationGroup="g1"></asp:CompareValidator>
        <br />
电子邮箱<asp:TextBox ID="txtEmail" runat="server"></asp:TextBox>
<asp:RegularExpressionValidator ID="RegularExpressionValidator1"
runat="server" ControlToValidate="txtEmail" ErrorMessage="邮箱格式错误"
ValidationExpression="\w+([-+.']\w+)*@\w+([-.]\w+)*\.\w+([-.]\w+)*"
ValidationGroup="g1"></asp:RegularExpressionValidator>
        <br />
通讯地址<asp:TextBox ID="txtAddress" runat="server"></asp:TextBox>
<asp:RequiredFieldValidator ID="RequiredFieldValidator2" runat="server"
ControlToValidate="txtAddress" ErrorMessage="必填"
ValidationGroup="g1"></asp:RequiredFieldValidator>
        <br />
邮政编码<asp:TextBox ID="txtcode" runat="server"></asp:TextBox>
<asp:RegularExpressionValidator ID="RegularExpressionValidator2"
runat="server" ControlToValidate="txtcode" ErrorMessage="邮编格式错误"
ValidationExpression="\d{6}"ValidationGroup="g1">
</asp:RegularExpressionValidator>
        <br />
<asp:Button ID="btnSubmit" runat="server" Text="确认" ValidationGroup="g1"
onclick="btnSubmit_Click" />
<asp:Label ID="Label1" runat="server"></asp:Label>
<asp:ValidationSummary ID="ValidationSummary1" runat="server"
ValidationGroup="g1" />
        <br />
```

(4) 双击设计界面中的 CustomValidator 控件 CustomValidator1，在对应的 CustomValidator1_ServerValidate 事件中添加如下代码：

```
//判断密码位数是否在 6 到 8 位之间
if ((txtPwd.Text.Length >= 6) && (txtPwd.Text.Length <= 8))
  CustomValidator1.IsValid=true;
else
  CustomValidator1.IsValid=false;
```

（5）在本例中不需在“确定”按钮对应的 btnSubmit_Click 事件中添加代码。

（6）按 F5 键调试运行，如果不输入任何信息，单击“提交”按钮，验证控件会提示必须输入用户名和地址，如图 5.47 所示。

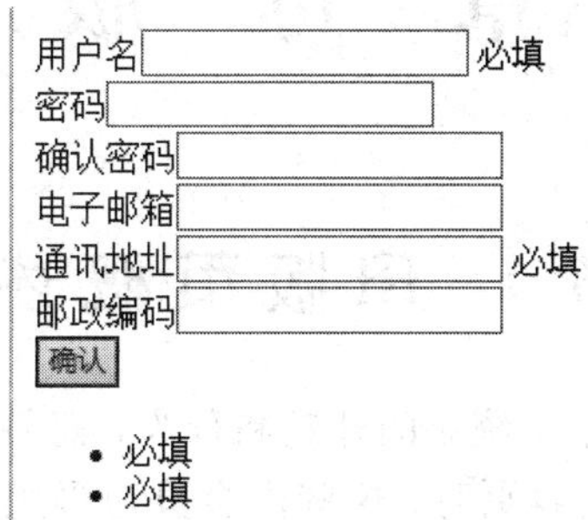

图 5.47　ValidationSummary 案例设计界面

如果输入的数据中有不能通过验证的，单击“确定”按钮后，会显示那些不能通过验证的控件对应的验证控件中指定的错误信息，如图 5.48 所示。

用户名 必填
密码 21
确认密码 121 两次密码不一致
电子邮箱 321 邮箱格式错误
通讯地址 必填
邮政编码 321 邮编格式错误
确认

- 必填
- 两次密码不一致
- 邮箱格式错误
- 必填
- 邮编格式错误

图 5.48　ValidationSummary 案例运行界面—问题数据 1

如果输入的数据中只有密码不能通过验证，比如密码位数不在 6 位到 10 位之间，单击“确定”按钮，则会提示密码位数不正确信息，如图 5.49 所示。

用户名 2
密码 212
确认密码 212
电子邮箱
通讯地址 2
邮政编码
确认 密码长度不符合要求，应为6-8位字符或数字！

图 5.49　ValidationSummary 案例运行界面—问题数据 2

注意：如果使用 ValidationSummary 控件，需要将其他验证控件的 Display 属性设置为 None，否则，错误提示信息既会在该控件中显示，又会在 ValidationSummary 控件中显示。

第六章　母　版　页

6.1　母版页概述

母版页可以为一组内容页定义统一的外观和行为，而每个内容页独特的内容可以在内容页内单独处理。当用户请求内容页时，这些内容页与母版页合并以将母版页的布局与内容页的内容组合在一起输出。

6.1.1　母版页

母版页扩展名为.master(如 XX.master)，可包括静态文本、HTML 元素和服务器控件的预定义布局。由特殊的 @Master 指令识别，该指令替换了用于普通.aspx 页的@Page 指令。

6.1.2　内容页

创建内容页来定义母版页的占位符控件内容，内容页的 MasterPageFile 属性指向要使用的母版页，在内容页的@Page 指令中建立绑定。例如，一个内容页可能包含下面的@Page指令，该指令将该内容页绑定到 Master1.master 页，代码如下所示：

```
<%@ Page Title="主页" Language="C#" MasterPageFile="~/Site.master" AutoEvent Wire-up="true" CodeBehind="Default.aspx.cs" Inherits="sample6._1._2._1._Default" %>
```

6.1.3　母版页运行机制

母版页只是模板，无法单独访问。同样，内容页也不能单独使用，只有组合起来才能使用。母版页中包含多少个 ContentPlaceHolder 控件，那么内容页中也必须设置与其相对应的Content 控件。当客户端浏览器向服务器发出请求，要求浏览某个内容页面时，ASP.NET 引擎将同时执行内容页和母版页的代码，并将最终结果发送给客户端浏览器。运行过程如下：

(1) 用户访问内容页的 URL。

(2) 浏览器读取内容页，根据@Page 指令访问对应母版页。首次访问要进行编译。

(3) 服务器将母版页合并到内容页的 DOM(控件结构树)中。

(4) 各个 Content 控件的内容合并到母版页中相应的 ContentPlaceHolder 控件中。

(5) 合并后发送到客户端浏览器，向访问者呈现得到结果。

6.1.4　母版页的优点

☆ 可以集中处理页的通用功能，减少代码修改量。

☆ 可以方便地创建一组控件和代码，并将结果应用于一组页。如网站程序的通用菜单可以布局在母版页中。

☆ 允许控制占位符控件，可以在细节上控制最终呈现的页面布局。

☆ 内容页可以通过母版页提供的对象模型来差异化定义母版页。

6.2　创建母版页

1. 办法1(完全新建，但只能看到母版页，暂时不建内容页)

通过创建一个简单的母版页来掌握基本结构和用法。步骤如下：

(1) 打开 VS2010，创建一个空 ASP. NET 项目。

(2) 鼠标右键单击“解决方案资源管理器”中的项目名称，在弹出的快捷菜单中单击“添加新项”命令，弹出“添加新项”窗口。

(3) 在“添加新项”窗口中选择“母版页”选项，给你要创建的母版页起一个既合适又有意义的名字(对于项目来说，命名对于后期的维护和识别很重要)，母版页名字的后缀一定是“. master”，这是规定的。

(4) 单击“添加”按钮，然后就完成了母版页的创建，接下来就可以对所添加的母版页进行设计了。设计方法和我们设计页面的方法完全相同，因为母版页其实和页面一样，都可以看作是一张白纸，只是母版页中多了 ContentPlaceHolder 控件，即可编辑区域。

2. 办法2(利用现有模版，可以查看母版页的全套用法)

具体步骤如下：

(1) 打开 VS2010，创建一个 ASP. NET 项目(注意是非空的 ASP. NET 项目)。

(2) 查看所建工程，其中 Site. Master 是母版页，Default. aspx 和 About. aspx 是应用了 Site. Master 母版页的内容页。

6.3　创建内容页

母版页的主要功能是建立一个布局，这个布局主要是为了让网站保持基本一致的风格，但不同页面有一些差异，这些差异通过引入 ContentPlaceHolder 控件来包裹内容页实现。

内容页只包含在运行时与母版页的 ContentPlaceHolder 控件合并在一起的文本和控件。创建内容页的方式与普通 aspx 页面的创建方式基本一致，在内容页创建完毕后，可以创建与母版页上的每个 ContentPlaceHolder 相对应的自定义内容。

【案例 6.3.0 - 1】　母版页和内容页的添加及集成。

(1) 添加一个母版页，如图 6.1 所示。

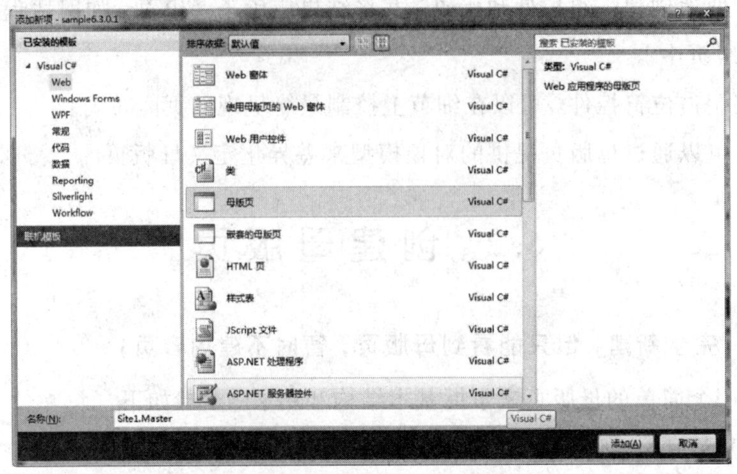

图 6.1　在工程里添加母版页

母版页命名为 Site. Master。点击“添加”按钮。并在“代码”视图里的 body 部分添加文字“我们是祖国的小花朵”，如下：

```
<body>
    <form id="form1" runat="server">
    <div>
      我们是祖国的小花朵<br />
      <asp:ContentPlaceHolder ID="ContentPlaceHolder1" runat="server">
      </asp:ContentPlaceHolder>
    </div>
    </form>
</body>
```

(2) 添加一个内容页，如图 6.2 所示。

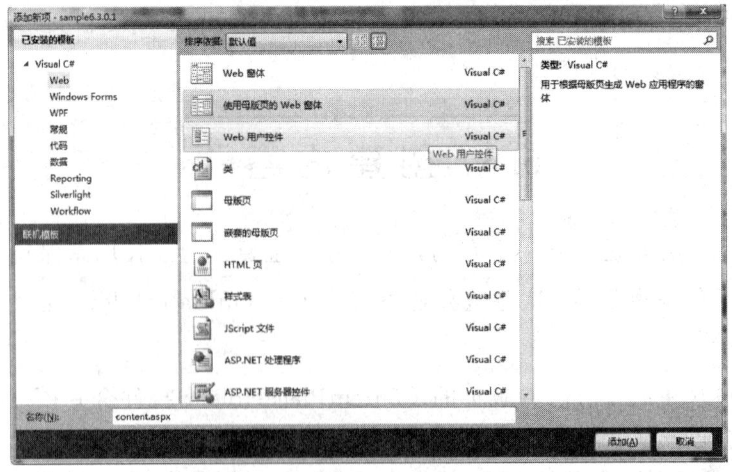

图 6.2　在工程里添加内容页

请注意要使用“使用母版页的 Web 窗体”，而不是“Web 窗体”。将内容页命名为“content. aspx”即可点击“添加”按钮完成添加。

在弹出的"选择母版页"窗口中，选择刚才创建的"Site. Master"母版页，如图 6.3 所示。

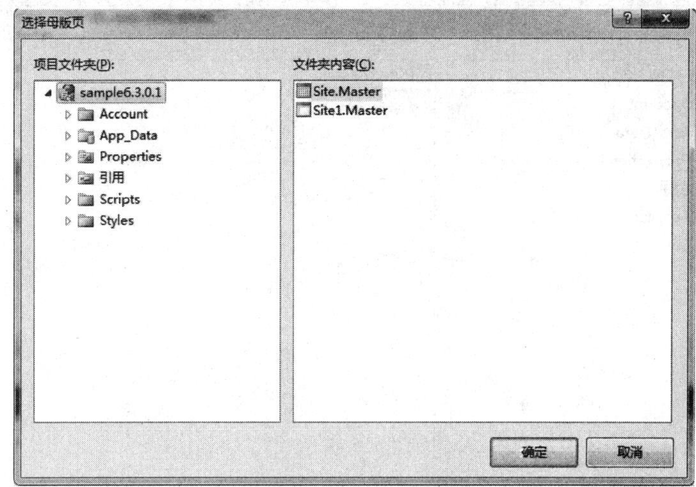

图 6.3　为内容页选择对应母版页

接下来，切换到 content. aspx 的"代码"视图，在里面增加一些文字，代码如下：

```
<asp:Content ID="Content1" ContentPlaceHolderID="head" runat="server">
</asp:Content>
<asp:Content ID="Content2" ContentPlaceHolderID="ContentPlaceHolder1" runat="server">
其实北京天安门真的很神圣的!!
</asp:Content>
```

回到"设计"视图查看效果。

将 content. aspx 页面设置为起始页，运行工程，查看运行效果。

(3) 再新建一个"使用母版页的 Web 窗体"，命名为"content2. aspx"，如图 6.4 所示，同样选择"Site. Master"母版页，如图 6.5 所示。

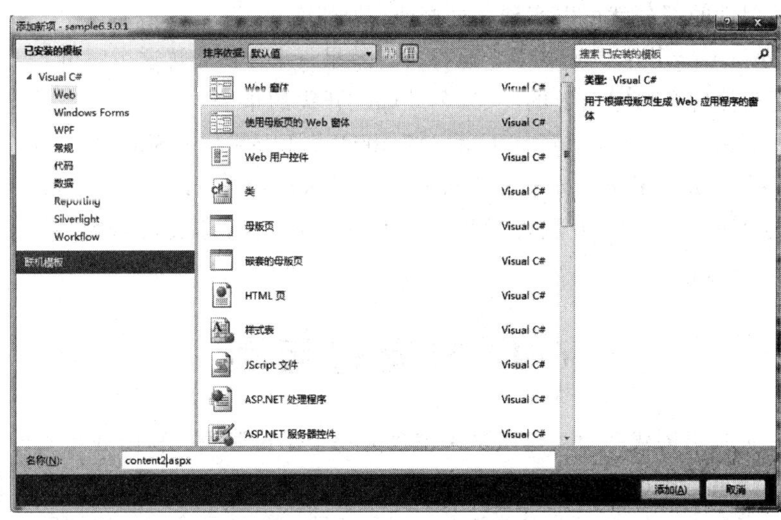

图 6.4　新建"content2. aspx"内容页

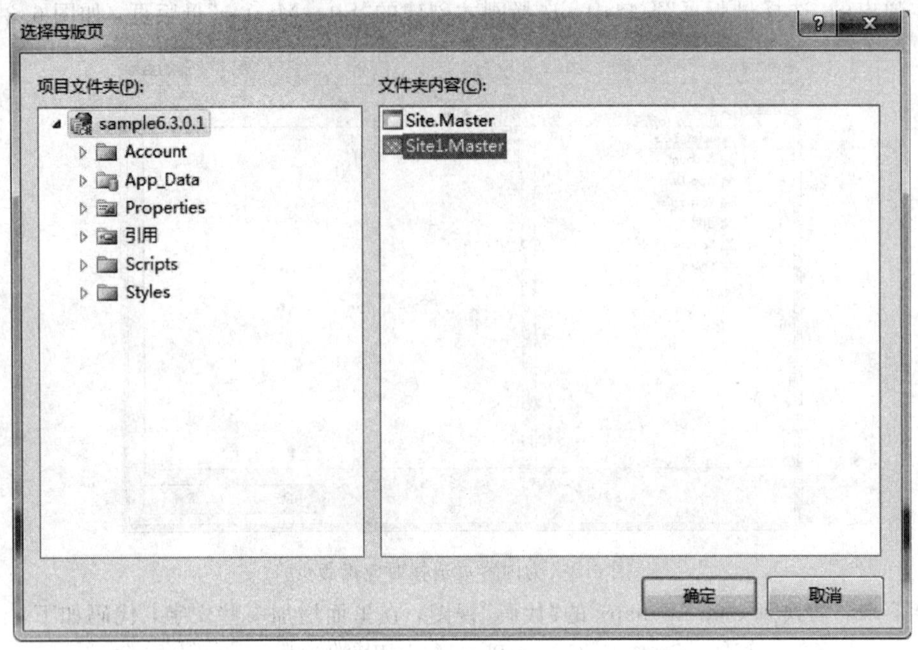

图 6.5　为“content2. aspx”内容页选择母版页

然后在“代码”视图中，按如下写法写入文字：

```
<asp:Content ID="Content1" ContentPlaceHolderID="head" runat="server">
</asp:Content>
<asp:Content ID="Content2" ContentPlaceHolderID="ContentPlaceHolder1" runat="server">
</asp:Content>
```

这是第二张内容页，和第一张内容页的差异在于内容页的文字不同，而母版页中的文字不变。这个案例说明可以把网站各个页面都有的内容定义到母版页，而差异性的部分放到内容页。通用性的部分就可以实现一处修改，处处变化了。

把 content2. aspx 设置为起始页，运行查看效果。并认真理解这个案例。

备注：请关注每个内容页上的“<%@ Page”开头的指令，如 content2. aspx 页面上的 <%@ Page Title="" Language="C#" MasterPageFile="~/Site1. Master" AutoEventWireup="true" CodeBehind="content2. aspx. cs" Inherits="sample6. _3. _0. _1. content2" %>，这里的 MasterPageFile 属性后面的值代表着所用的母版页名称，“~/”代表工程根目录。

6.4　嵌套母版页

嵌套母版页是指创建一个大母版页来包含另一个小母版页。利用嵌套的母版页可以创建组件化的母版页。例如，大型网站可能包含一个用于定义站点外观的总体母版页，然后，不同的网站内容合作伙伴又可以定义各自的子母版页，这些子母版页引用网站的总体母版页，并定义相应合作伙伴的内容外观。

可以对母版页进行不限级的嵌套。

【案例 6.4.0－1】 不同母版页之间的嵌套。

(1) ite. master 是一个站点级的母版页。它包括一个 logo 图片、一个内容区域和一个站点级的导航链接。程序代码如下：

```
<%@ Master Language="C#" AutoEventWireup="true" CodeFile="~/ite.master.cs" Inherits
="sample6401.ite" %>
<! DOCTYPE html PUBLIC "-//W3C//DTD XHTML 1.0 Transitional//EN" "http://www.
w3.org/TR/xhtml1/DTD/xhtml1-transitional.dtd">
<html xmlns="http://www.w3.org/1999/xhtml">
<head id="Head1" runat="server">
    <style type="text/css">
        html
        {
            background-color:DarkGreen;
            font:14px 宋体;
        }
        .content
        {
            width:500px;
            margin:auto;
            border-style:solid;
            background-color:white;
            padding:10px;
        }
        .tabstrip
        {
            padding:3px;
            border-top:solid 1px black;
            border-bottom:solid 1px black;
        }
        .tabstrip a
        {
            font:14px 宋体;
            color:DarkGreen;
            text-decoration:none;
        }
        .column
        {
            float:left;
            padding:10px;
            border-right:solid 1px black;
```

```
        }
        . rightColumn
        {
            float:left;
            padding:10px;
        }
        . clear
        {
            clear:both;
        }
    </style>
    <title>ASP. NET 创建嵌套母版页-www. baike369. com</title>
</head>
<body>
    <form id="form1" runat="server">
    <div class="content">
        <asp:Image
            id="imgLogo"
            ImageUrl="~/img/zh-logo. jpg"
            AlternateText="网站 Logo"
            Runat="server" />
        <div class="tabstrip">
        <asp:HyperLink
            id="lnkProducts"
            Text="产品"
            NavigateUrl="~/Pro. aspx"
            Runat="server">
        </asp:HyperLink>
         
        <asp:HyperLink
            id="lnkServices"
            Text="服务"
            NavigateUrl="~/Ser. aspx"
            Runat="server">
        </asp:HyperLink>
        </div>
        <asp:ContentPlaceHolder id="ContentPlaceHolder1" runat="server">
        </asp:ContentPlaceHolder>
        <br class="clear" />
        copyright &copy; 2007 by the www. baike369. com
```

```
        </div>
        </form>
    </body>
    </html>
```

(2) SP. master 母版页和 SS. master 母版页都是嵌套母版页。这两个母版页的 MasterPageFile 属性的值都是 Site. master。

注：添加子母版页时，在"添加新项"对话框中一定要记得选择底部的"选择母版页"复选框。

(3) SP. master 的程序代码如下：

```
    <%@ Master Language="C#" MasterPageFile="~/ite. master" AutoEventWireup="true" CodeFile="SP. master. cs" Inherits="sample6401. SP" %>
    <asp:Content
        id="Content2"
        ContentPlaceHolderID="ContentPlaceHolder1"
        Runat="server">
        <div class="column">
            <asp:ContentPlaceHolder
                id="ContentPlaceHolder1"
                Runat="server">
            </asp:ContentPlaceHolder>
        </div>
        <div class="column">
            <asp:ContentPlaceHolder
                id="ContentPlaceHolder2"
                Runat="server">
            </asp:ContentPlaceHolder>
        </div>
        <div class="rightColumn">
            <asp:ContentPlaceHolder
                id-"ContentPlaccHoldcr3"
                Runat="server">
            </asp:ContentPlaceHolder>
        </div>
    </asp:Content>
```

SP. master 母版页使用 3 列的页面布局。

(4) SS. master 的程序代码如下：

```
    <%@ Master Language="C#" MasterPageFile="~/ite. master" AutoEventWireup="true" CodeFile="~/SS. master. cs" Inherits="sample6401. SS" %>
    <asp:Content
        id="Content2"
```

```
    ContentPlaceHolderID="ContentPlaceHolder1"
    Runat="server">
    <div class="column">
        <asp:ContentPlaceHolder
            id="ContentPlaceHolder1"
            Runat="server">
        </asp:ContentPlaceHolder>
    </div>
    <div class="rightColumn">
        <asp:ContentPlaceHolder
            id="ContentPlaceHolder2"
            Runat="server">
        </asp:ContentPlaceHolder>
    </div>
</asp:Content>
```

SS. master 母版页使用两列的页面布局。

（5）Pro. aspx 页面使用的是 SP. master 母版页。程序代码如下：

```
<%@ Page Title="" Language="C#" MasterPageFile="~/SP. master" AutoEventWireup="true"
CodeFile="Pro. aspx. cs" Inherits="sample6401. Pro" %>
<asp:Content
    ID="Content4"
    ContentPlaceHolderID="ContentPlaceHolder1"
    Runat="Server">
    产品，产品，产品
    <br />产品，产品，产品
    <br />产品，产品，产品
    <br />产品，产品，产品
    <br />产品，产品，产品
</asp:Content>
<asp:Content
    id="Content5"
    ContentPlaceHolderid="ContentPlaceHolder2"
    Runat="Server">
    产品，产品，产品
    <br />产品，产品，产品
    <br />产品，产品，产品
    <br />产品，产品，产品
    <br />产品，产品，产品
```

```
</asp:Content>
<asp:Content
    ID="Content6"
    ContentPlaceHolderID="ContentPlaceHolder3"
    Runat="Server">
    产品，产品，产品
    <br />产品，产品，产品
    <br />产品，产品，产品
    <br />产品，产品，产品
    <br />产品，产品，产品
</asp:Content>
```

当打开 Pro. aspx 页面时，ite. master、SP. master 和 Pro. aspx 的内容会合并为页面输出。

(6) Ser. aspx 页面使用的是 SS. master 母版页。程序代码如下：

```
<%@ Page Title="" Language="C#" MasterPageFile="~/SS.master" AutoEventWireup="true"
CodeFile="Ser.aspx.cs" Inherits="sample6401.ser" %>
<asp:Content
    ID="Content3"
    ContentPlaceHolderID="ContentPlaceHolder1"
    Runat="Server">
    服务，服务，服务，服务
    <br />服务，服务，服务，服务
    <br />服务，服务，服务，服务
    <br />服务，服务，服务，服务
    <br />服务，服务，服务，服务
</asp:Content>
<asp:Content
    ID="Content4"
    ContentPlaceHolderID="ContentPlaceHolder2"
    Runat="Server">
    服务，服务，服务，服务
    <br />服务，服务，服务，服务
    <br />服务，服务，服务，服务
    <br />服务，服务，服务，服务
    <br />服务，服务，服务，服务
</asp:Content>
```

当在浏览器中打开 Ser. aspx 页面时，ite. master、SS. master 和 Ser. aspx 的内容会合并为页面输出。输出结果如下：

点击“服务”(见图 6.6)。

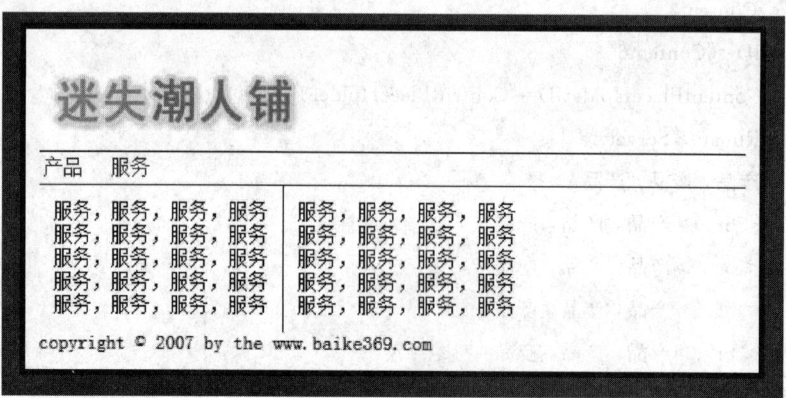

图 6.6 点击“服务”后的效果

点击“产品”(见图 6.7)。

图 6.7 点击“产品”后的效果

6.5 访问母版页的控件的属性

【案例 6.5.0-1】 FindControl 方法从内容页访问母版页控件。

(1) 新建一个 ASP.NET 工程，注意是非空工程。系统会自动生成一个 Default.aspx 内容页和一个 Site.Master 母版页。

(2) 在 Default.aspx 中新增一个文本框 TextBox，将其 id 属性修改为 TB_time。

(3) 在 Default.aspx 中新增一个按钮 Button，双击按钮，在其代码视图 Button1_Click 函数里增加如下代码：

```
string time=this.TB_time.Text.Trim();
(Master.FindControl("Lb_time") as Label).Text=time;
```

(4) 然后，在 Site.Master 里新增一个 Label，将其 id 属性修改为 Lb_time。

(5) 把 Default.aspx 设置为起始页，运行，效果如图 6.8 所示。

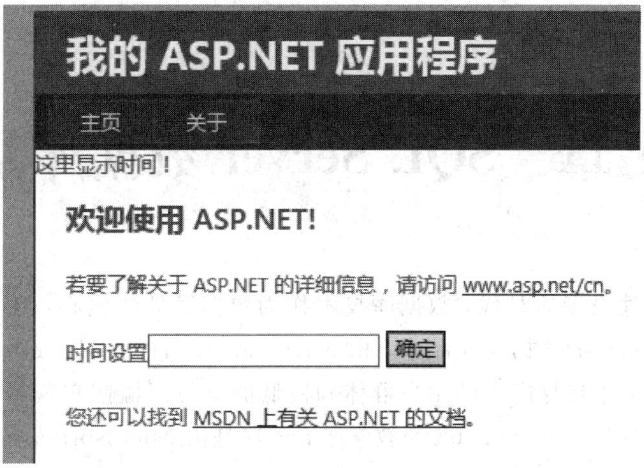

图 6.8　设置“Default.aspx”为起始页后运行效果

在文本框里输入“2015-1-1”，点击“确定”按钮，则上面文本控件的文字从“这里显示时间!”变化为“2015-1-1”。

(6) 注意内容页中这段代码(Master.FindControl("Lb_time") as Label).Text，其中的 Master.FindControl 是为了根据 id 从母版页中查找 id 为 Lb_time 的控件，并将其转化为 Label 型的控件，这样可以在内容页中使用它的 Text，并为其赋值。

第七章　SQL Server 数据库基础

在信息技术高速发展的时代，数据库技术作为数据管理的核心，在各行各业发挥着核心作用。而在林林总总的数据库产品中，由 Microsoft 发布的 SQL Server 产品是一个典型的关系型数据库，由于自身广大的用户群体和极低的学习门槛使它获得了广大用户和开发者的认同。本书以 SQL Server 2008 为教学平台，这是由 Microsoft 发布的，目前应用较为广泛的一个版本，它为我们提供可靠、高效和智能化的数据平台。

本章学习目标如下：

☆ 了解数据库的概念。

☆ 学会绘制 E-R 图。

☆ 了解 SQL Server 2008 的服务启停。

☆ 了解 SQL Server 2008 企业管理器的基本使用方法。

☆ 了解 SQL Server 2008 建表、建视图的方法。

☆ 掌握 SQL 语言。

☆ 学会备份和恢复数据库。

7.1　关系数据库

7.1.1　什么是数据库

数据库是指长期储存在计算机内、有组织的、可共享的大量数据的集合。数据库中的数据按一定的数据规则进行组织、描述和储存，冗余度较小、数据独立性和易扩展性较高，能共享给各类用户使用。

总而言之，数据库的数据具有以下 3 个基本特点：

☆ 永久存储；

☆ 有组织；

☆ 可共享。

7.1.2　数据库的用途

数据库软件的作用包括科学地组织和管理数据，通过网络实现数据共享，减少数据的冗余度，增强数据的独立性，并实现数据的集中控制等。具体如下：

1）实现数据共享

所有用户可同时存取数据库中的数据。

2）减少数据的冗余度

实现了数据共享，从而避免了用户各自建立数据文件，故减少了数据冗余，维护了数据的一致性。

3）增强数据的独立性

☆ 逻辑独立性(数据的逻辑结构和应用程序相互独立)。

☆ 物理独立性(数据物理结构的变化不影响数据的逻辑结构)。

4）实现数据集中控制

可对数据进行集中控制和管理，并通过数据模型表示各种数据的组织形式以及数据间的联系。

5）确保数据的安全性和可靠性

☆ 安全性控制：以防止数据丢失、错误更新和越权使用。

☆ 完整性控制：保证数据的正确性、有效性和相容性。

☆ 并发控制：使在同一时间周期内，允许对数据实现多路存取，又能防止用户之间的不正常交互作用。

6）故障恢复

☆ 数据库管理系统可及时发现故障和修复故障，从而防止数据被破坏。

☆ 数据库系统能尽快恢复数据库系统运行时出现的故障。比如对系统的误操作造成的数据错误等。

7.2　E－R 图的绘制

E－R 图是“实体-关系图”(Entity－Relationship Digram)的简称。它是描述现实世界概念模型的有效方法。其中，矩形表示实体型，矩形框内写实体名；椭圆表示实体属性，用无向边将其与相应的实体型连接起来；菱形表示实体型之间的联系，在菱形框内写明联系名，并用无向边分别与有关实体型连接起来，同时在无向边旁标上联系的类型(1∶1，1∶n 或 m∶n)。

构成 E－R 图的基本要素是实体型、属性和联系，其表示方法为：

(1) 实体型(Entity)：具有相同属性的实体具有相同的特征和性质，用实体名及其属性名集合来抽象和刻画同类实体；属性在 E－R 图中用矩形表示，矩形框内写明实体名；比如学生张三、学生李四都是实体(见图 7.1)。

学生

图 7.1　学生实体型的图示

(2) 属性(Attribute)：实体所具有的某一特性，一个实体可由若干个属性来刻画。属性在E－R图中用椭圆形表示，并用无向边将其与相应的实体连接起来，比如学生的姓名、学号、性别都是属性(见图 7.2)。

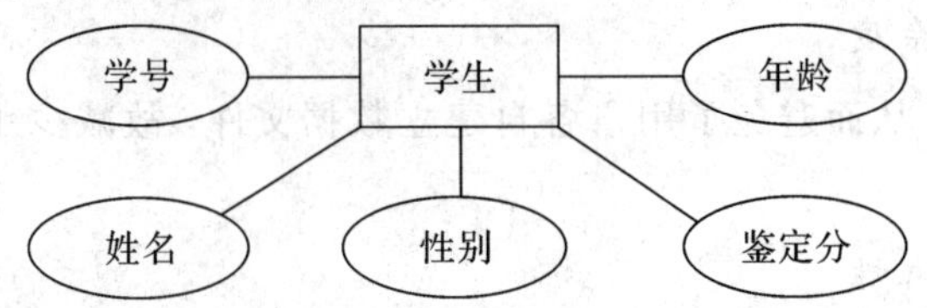

图 7.2　学生实体型的属性图示

(3) 联系(Relationship)：联系也称关系，信息世界中反映实体内部或实体之间的联系。实体内部的联系通常是指组成实体的各属性之间的联系；实体之间的联系通常是指不同实体集之间的联系。联系在 E-R 图中用菱形表示，菱形框内写明联系名，并用无向边分别与有关实体连接起来，同时在无向边旁标上联系的类型(1∶1，1∶n 或 m∶n)。比如老师给学生授课存在授课关系，学生选课存在选课关系。

联系可分为如图 7.3 所示的 3 种类型：

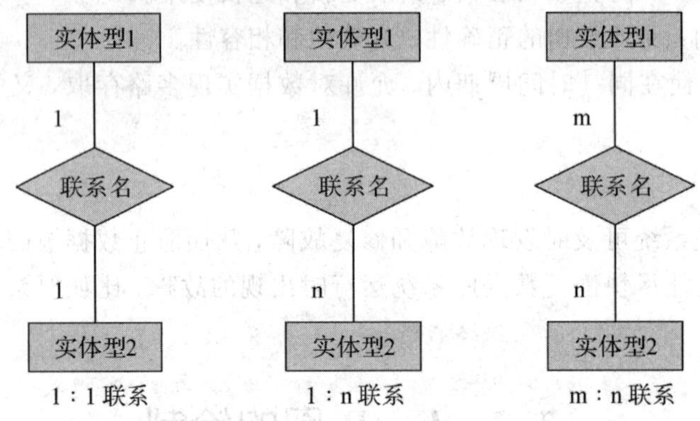

图 7.3　三种不同的联系

1) 一对一联系(1∶1)

例如，一个部门有一个经理，而每个经理只在一个部门任职，则部门与经理的联系是一对一的。

2) 一对多联系(1∶n)

例如，某校教师与课程之间存在一对多的联系“教”，即每位教师可以教多门课程，但是每门课程只能由一位教师来教。

3) 多对多联系(m∶n)

例如，学生与课程间的联系(“选修”)是多对多的，即一个学生可以选修多门课程，而每门课程可以有多个学生来学。联系也可能有属性。例如，学生“选修”某门课程所取得的成绩，既不是学生的属性也不是课程的属性。由于“成绩”既依赖于某名特定的学生又依赖于某门特定的课程，所以它是学生与课程之间的联系“选修”的属性(见图 7.4)。

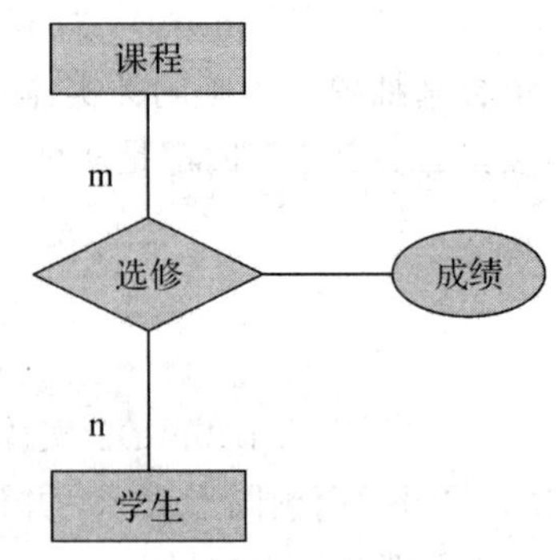

图 7.4　学生与课程的选修联系图示

【案例 7.2.0-1】 学生选课 E-R 图绘制，如图 7.4 所示。

7.3　SQL Server 2008 的服务启停

(1) 在程序组内找到“所有程序”→“Microsoft SQL Server 2008”→“配置工具”→“SQL Server 配置管理器”，单击它(见图 7.5)。

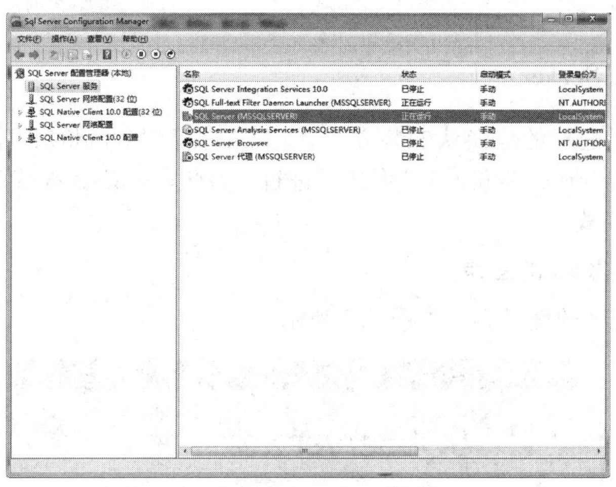

图 7.5　SQL Server 配置管理器界面

(2) 在 SQL Server(...)处用鼠标右键单击，显示有启动、停止等选项。选择启动服务。

备注：如果启动按钮是灰色的，说明被禁用了。按如下方式恢复：

(3) 依然在上面右键单击，并单击“属性”，进入如图 7.6 所示的页面。

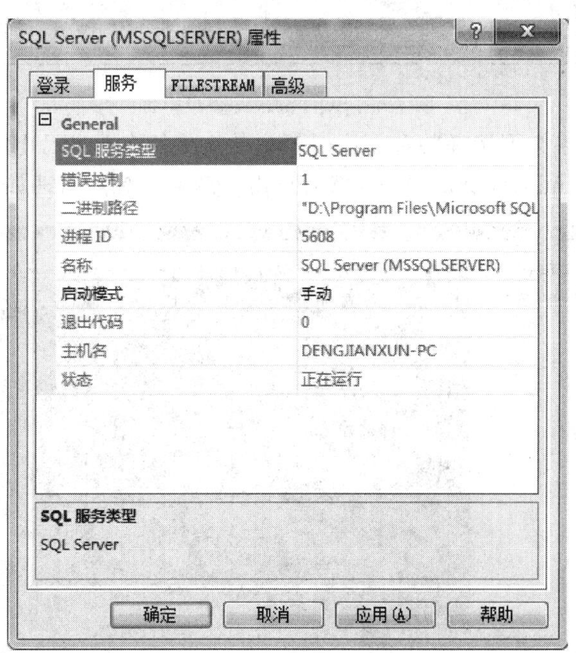

图 7.6　SQL Server 配置管理器中改变服务的启动属性

(4) 切换到“服务”选项卡，注意其中的“启动模式”，把它从“禁用”改为“手动”或“自动”即可。

(5) 再按照步骤(1)和(2)的方法启动即可。

7.4 SQL Server 2008 企业管理器的使用

7.4.1 登录 SQL Server

首次安装，如果选择的是默认安装方式，则只能按照“Windows 身份验证”模式登录，而编程建议在“SQL Server 身份验证”模式下进行。为此，有必要熟悉登录方式，并把登录模式切换为允许双模式。

1. SQL Server 2008 的登录

SQL Server 2008 的登录界面如图 7.7 所示。

图 7.7　SQL Server 登录界面

图 7.7 中，服务器类型选择为数据库引擎，服务器名称即自己电脑的机器名或者 IP 地址，身份验证选择 Windows 身份验证，然后点击“连接”按钮，出现如图 7.8 所示的界面。

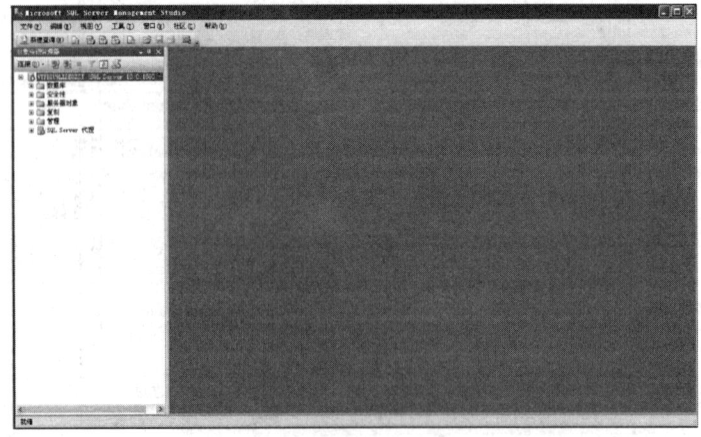

图 7.8　SQL Server 登录后进入企业管理器

2. 切换登录模式

切换到“SQL Server 身份验证”模式，需要进行两步：第一步是设置登录模式为混合模式，第二步是修改 sa 账户的密码为自己熟悉的常用密码。

在步骤 1 中用 Windows 身份验证登录后，在根菜单右键单击“属性”，接着单击“安全性”，在如图 7.9 所示的页面中可进行相关设置。

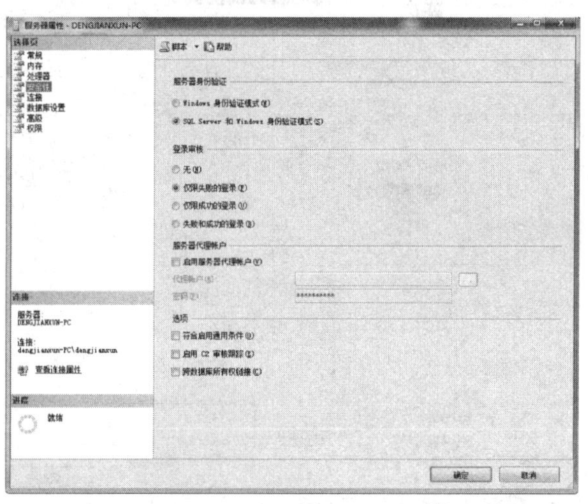

图 7.9　SQL Server 设置登录模式为混合模式

选择“SQL Server 和 Windows 身份验证模式”，并设置 sa 的密码，即可按照步骤 1 和步骤 2 方式登录。设置 sa 密码的方法如图 7.10 所示，选择“属性”后，显示界面如图 7.11 所示。

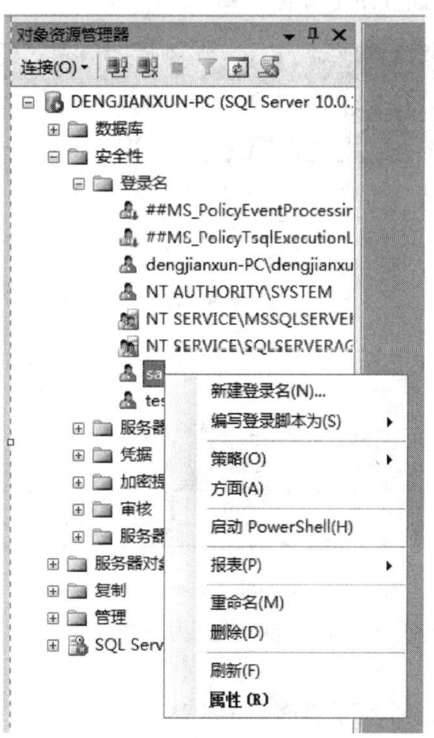

图 7.10　SQL Server 进入设置 sa 账号密码的菜单

在弹出的界面中，修改密码，并去掉“强制密码过期”复选框前的勾选即可(见图 7.11)。

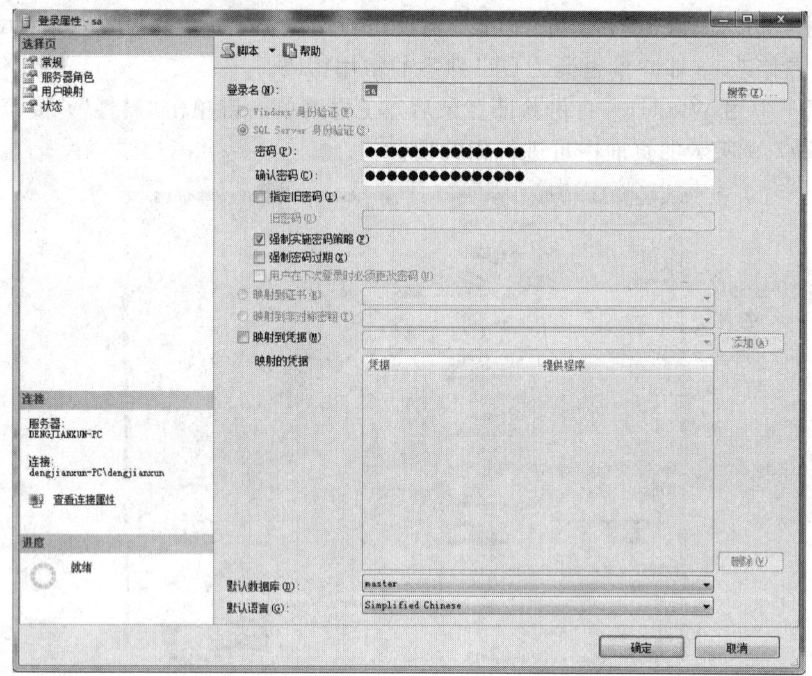

图 7.11　SQL Server 设置 sa 账号的密码

3. 使用“SQL Server 身份验证”模式登录

用 SQL Server 身份验证登录的界面如图 7.12 所示。

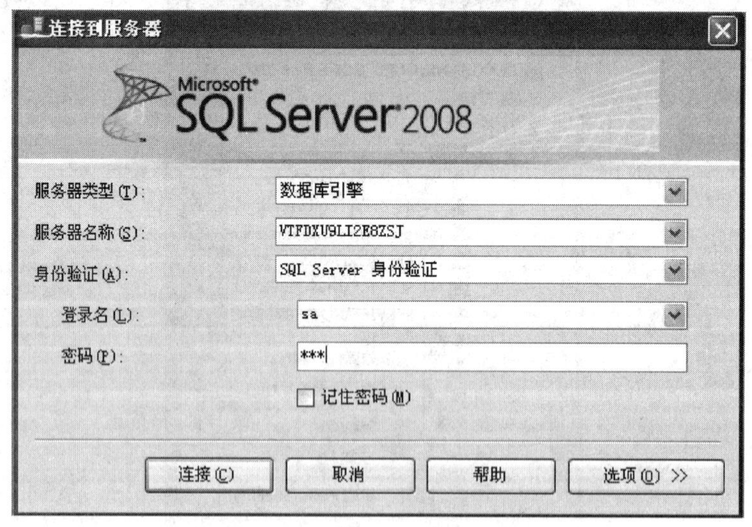

图 7.12　用 SQL Server 身份验证登录

登录名：sa(即 SYSTEM ADMIN 的缩写)为数据库的默认管理账户，具有最高权限。密码为刚才设置的密码。

点击连接，进入如图 7.13 所示界面，表示登录成功。

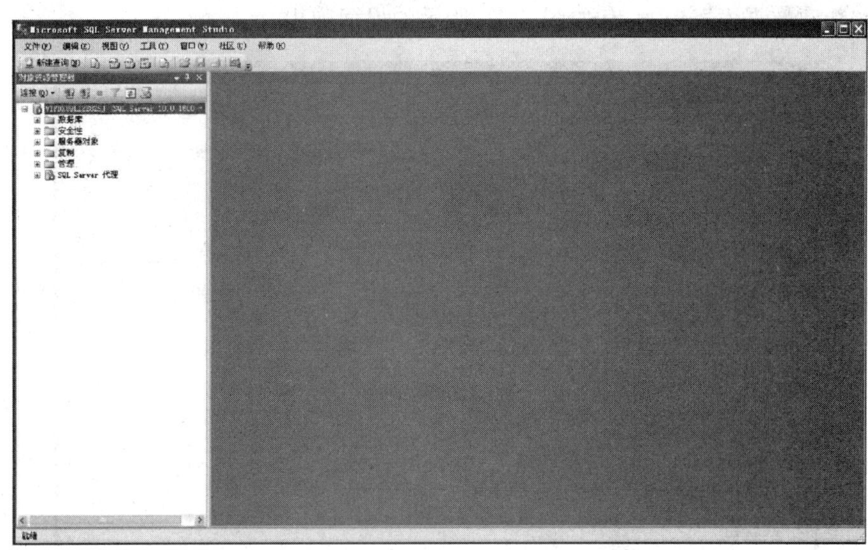

图 7.13 用 SQL Server 身份验证登录后进入企业管理器

7.4.2 新建数据库

接下来需要熟悉数据库的新建方式，正常登录后，可以看到如图 7.14 所示的界面。

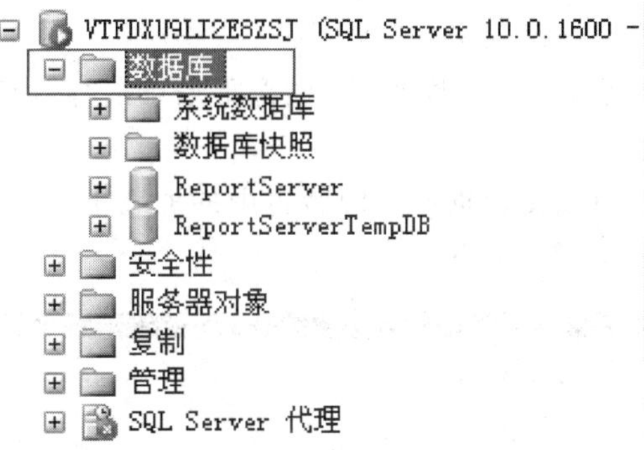

图 7.14 企业管理器中数据库根节点

在"数据库"根目录上单击鼠标右键(见图 7.15)，选择"新建数据库"。

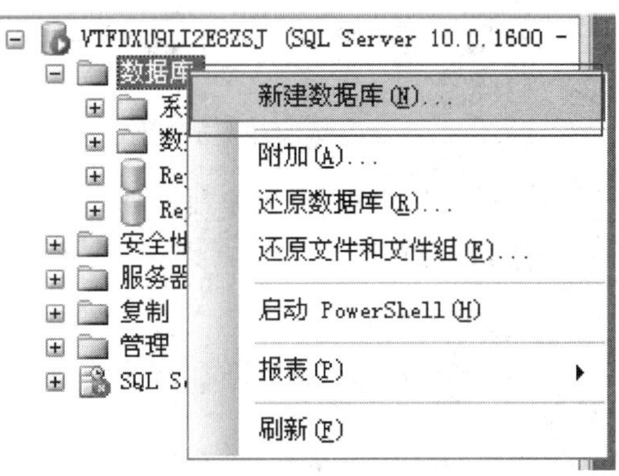

图 7.15 企业管理器中数据库根节点上右键菜单

选择“新建数据库”选项，有如图 7.16 所示的界面弹出。

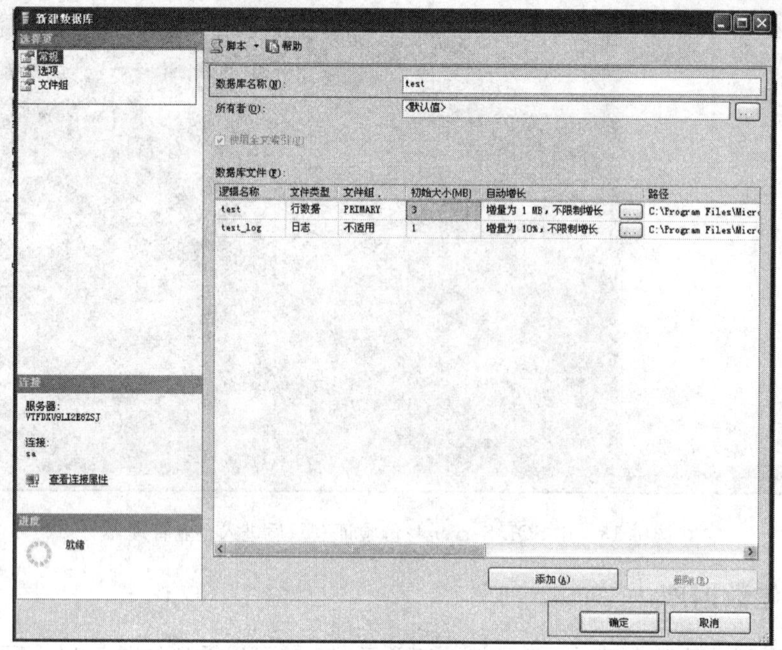

图 7.16　新建数据库界面

其中的“数据库名称”由自己定义。

备注：点击“确定”，则新建一个数据库，注意不是点击“添加”；图 7.16 所示页面的左边是对数据库的初始化设置。

“兼容级别”这个设置可以使数据库在旧版本中的加载更加方便。点击“确定”按钮，则建立数据库成功(见图 7.17、图 7.18)。

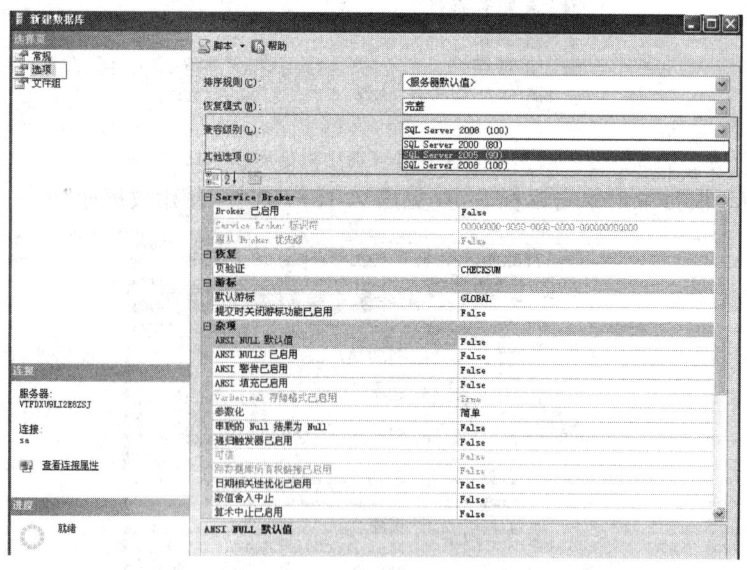

图 7.17　设置兼容级别

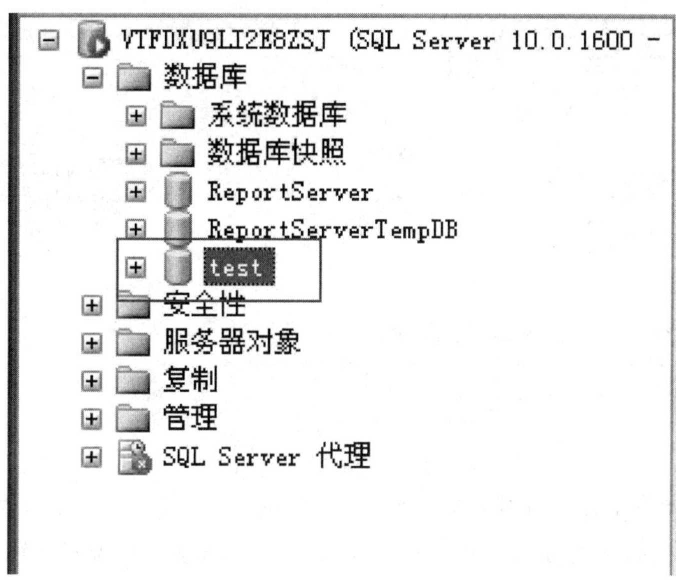

图 7.18 “test”数据库

7.5 表的管理

登录后，有如图 7.19 所示的界面。在下图的“表”(蓝色选中区域)节点上单击鼠标右键，可以看到右键菜单(见图 7.20)。

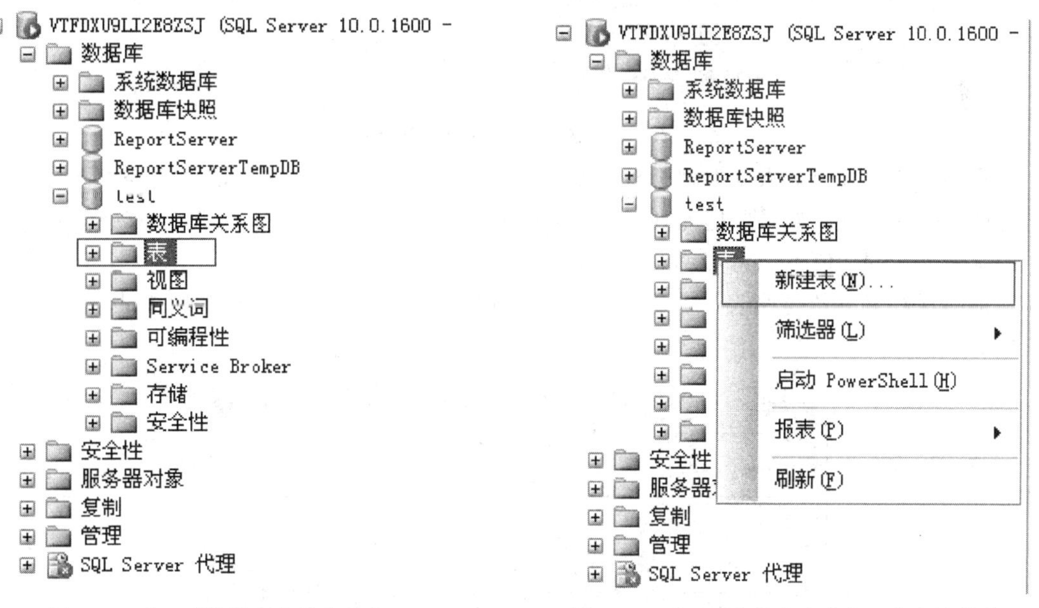

图 7.19 “test”数据库上的表节点　　图 7.20 “test”数据库表节点上的右键菜单

选中右键菜单中的“新建表”选项，则有如图 7.21 所示的界面。

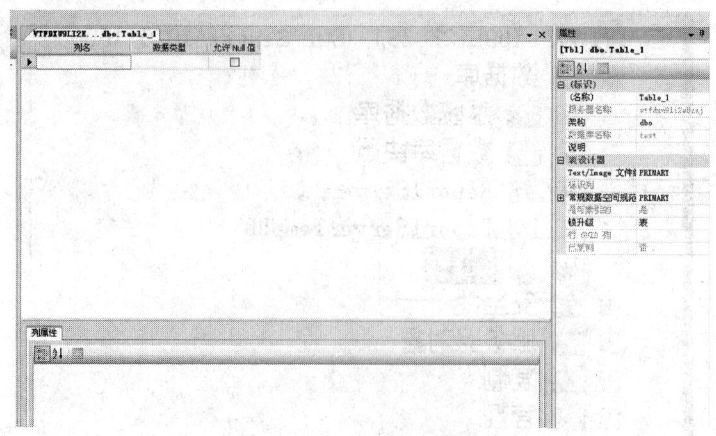

图 7.21 新建表的界面

在上图中的左上位置栏目里输入“列名”、“数据类型”及“允许 Null 值”，则可以添加列。如果需要多个列，则添加多个列，并可以按照图 7.22 所示的方式设置主码。

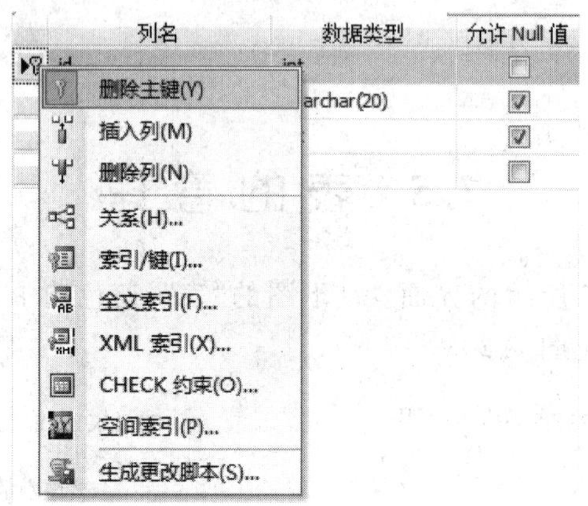

图 7.22 新建表界面中右键菜单设置主码

列名由自己定义，数据类型则根据需求自行定义，是否允许这列的值为空，同样根据自己的需求来确定，如果要把此列设为“主键”(primary key)，则它的值用于唯一地标识表中的某一条记录。值不能为空。

最后保存表并给这张表命名(见图 7.23)，保存完成后则该表出现在库中表节点下(见图 7.24)。

图 7.23 新建表完成后命名保存表

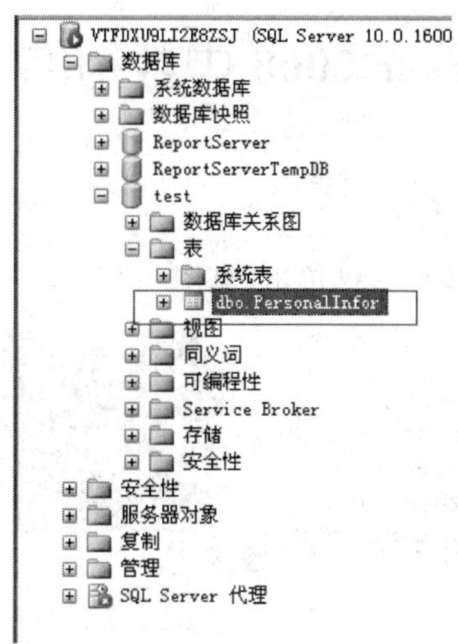

图 7.24　新建的表出现在库中表节点下

给表中添加数据，可以按照图 7.25 所示的方式操作，用鼠标右键单击新表，在弹出的窗口中选择“编辑前 200 行”。

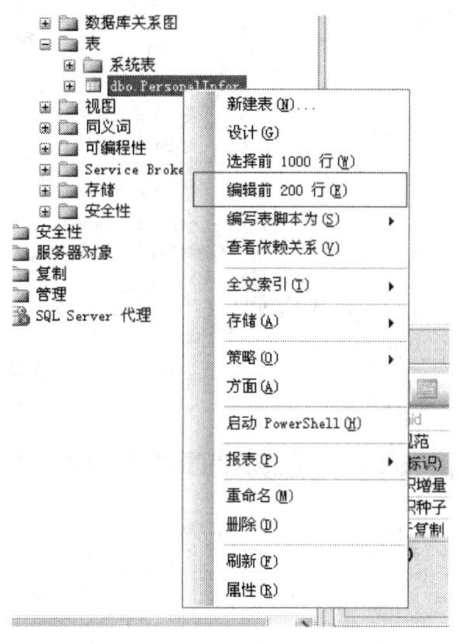

图 7.25　在新表上右键菜单选择“编辑前 200 行”

为新表添加相关数据(见图 7.26)。

	id	name	age
	1	mike	14
	2	tom	18
▶*	NULL	NULL	NULL

图 7.26　为新表添加相关数据

7.6 SQL Server 2008 中数据库的备份和还原

7.6.1 备份

(1) 在对应的数据库上用鼠标右键单击(见图 7.27)。

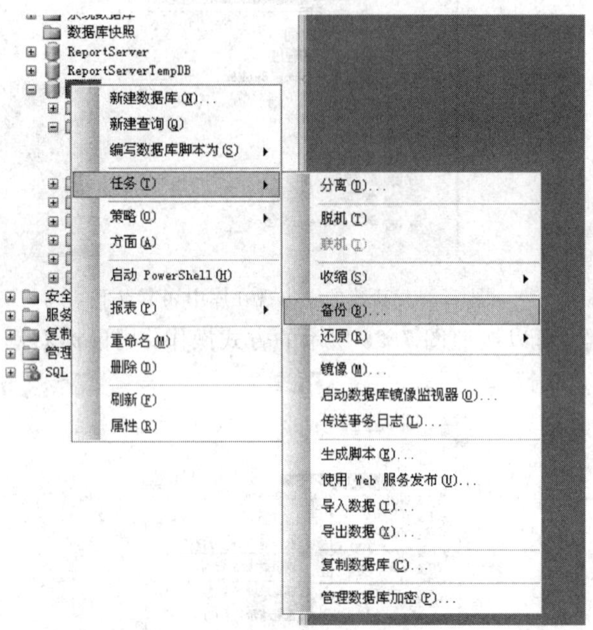

图 7.27 在“test”数据库上右键菜单寻找“备份”菜单

(2) 选择“备份”菜单(见图 7.27)。

(3) 设置好备份位置(见图 7.28)。

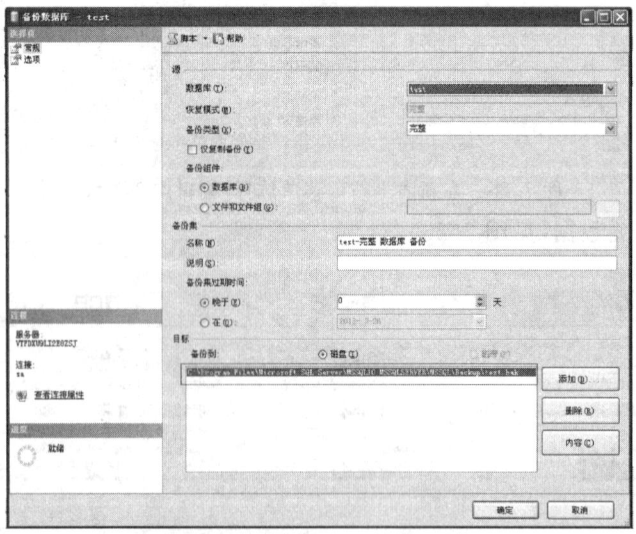

图 7.28 选择备份路径

（4）备份成功！（见图 7.29）

图 7.29 备份成功提示

7.6.2 还原

在图 7.30 中的“数据库”上用鼠标右键单击。

图 7.30 SQL Server 企业管理器根节点

出现如图 7.31 所示的界面。

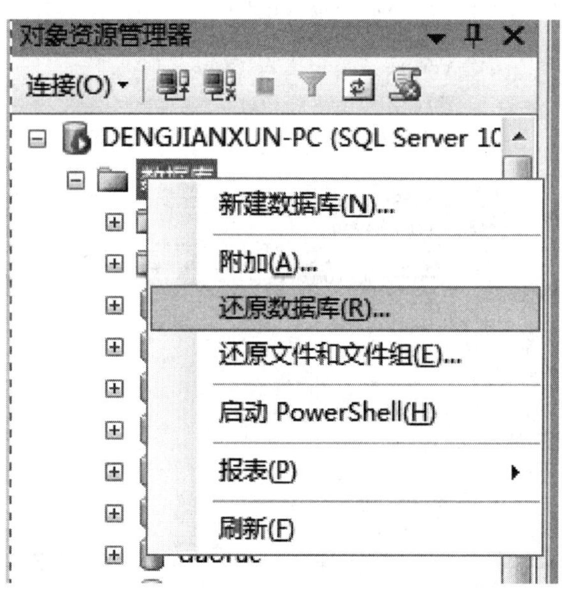

图 7.31 SQL Server 企业管理器根节点右键菜单

选择“还原数据库”，单击后出现如图 7.32 所示的界面。

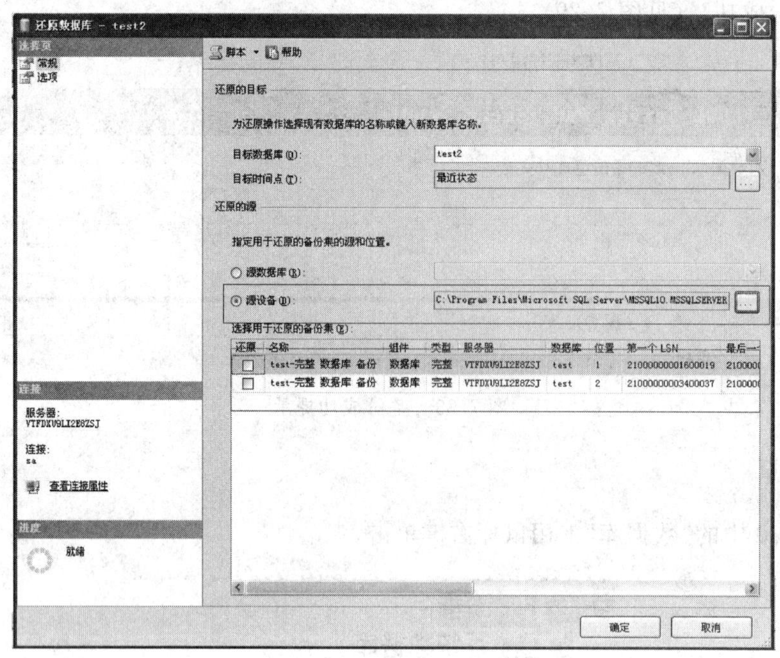

图 7.32　选择还原数据源所在的介质

选择“源设备”，选好当时备份的 *.bak 文件，选中后出现与图 7.32 类似的界面。选择要恢复的备份(见图 7.33)。

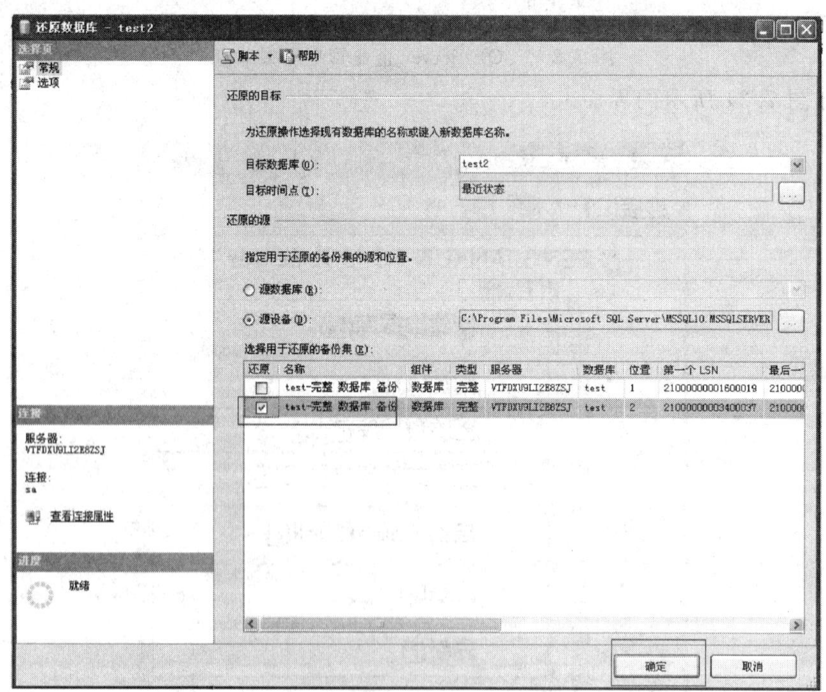

图 7.33　还原数据源被选中后出现在下列列表框内

确定后会提示输入还原的数据库名，输入您想要的名字，点击“确定”，还原成功(见图 7.34)。

图 7.34 还原成功提示

7.7 SQL 语言入门之增删改

首先按照 7.6.2 节的方法，把电子文档中的“第七章”导入到本机数据库中。然后在这个基础上进行操练。

7.7.1 新增语句

语句格式：

```
INSERT INTO ＜表名＞ [(＜属性列 1＞[，＜属性列 2 ＞]...)]
        VALUES (＜常量 1＞ [，＜常量 2＞]...)
```

INTO 子句：指定要插入数据的表名及属性列；属性列的顺序可与表定义中的顺序不一致；没有指定属性列，表示要插入的是一条完整的元组，且属性列属性与表定义中的顺序一致；指定部分属性列，则插入的元组在其余属性列上取空值。

VALUES 子句：提供的值必须与 INTO 子句匹配，特别是值的个数和值的类型。

【例 7.7.1－1】 将一个新学生记录到学生表，代码如下：

```
insert into Student values('201309001', '李强', '男', '1995－05－19', 'MA', '欧美', 623);
```

【例 7.7.1－2】 插入一条选课记录(201309001'，'001')，代码如下：

```
insert into SC(Sno, Cno) values('201309001', '101');
```

新插入的记录在 Grade 列上的值为 null。

7.7.2 更新语句

语句格式：

```
UPDATE ＜表名＞ SET ＜列名＞=＜表达式＞[，＜列名＞=＜表达式＞]...
[WHERE ＜条件＞];
```

SET 子句：指定修改方式，要修改的列以及修改后的取值。

WHERE 子句：指定要修改的元组；缺省表示要修改表中的所有元组。

【例 7.7.2－1】 将学生 201309001 的高考成绩＋5，代码如下：

```
update Student set sgkcj=sgkcj+5 where sno='201309001';
```

【例 7.7.2－2】 将所有学生的高考成绩增加 1，代码如下：

```
update Student set sgkcj=sgkcj+1;
```

【例 7.7.2－3】 将中澳专业所有学生的高考成绩增加 1 ，代码如下：

```
update Student set sgkcj=sgkcj+1 where class='中澳';
```

【例 7.7.2-4】 将中澳专业全体学生的成绩置零，代码如下：

```
update Student set sgkcj=0 where class='中澳';
```

【例 7.7.2-5】 将学生 201309001 的 001 课程成绩修改为 99，代码如下：

```
update SC set Grade=99 where Sno='201309001' and Cno='101';
```

7.7.3 删除语句

语句格式：

```
DELETE FROM <表名> [WHERE <条件>];
```

功能：删除指定表中满足 WHERE 子句条件的元组。

WHERE 子句：指定要删除的元组。如果不指定条件，则表示要修改表中的所有元组。

【例 7.7.3-1】 删除学号为“0502002”的学生记录，代码如下：

```
DELETE FROM Student WHERE sno='0502002';
```

【例 7.7.3-2】 删除 001 号课程的所有选课记录，代码如下：

```
DELETE FROM SC WHERE cno='001';
```

【例 7.7.3-3】 删除所有的学生选课记录，代码如下：

```
DELETE FROM SC;
```

【例 7.7.3-4】 删除数学系(MA)所有学生的选课记录，代码如下：

```
DELETE FROM SC WHERE Sno in (select Sno from Student where Sdept='MA');
```

7.8 SQL 语言入门之查询

语句格式：

```
SELECT [ALL|DISTINCT] <目标列表达式>
[,<目标列表达式>] ...
FROM <表名或视图名>[,<表名或视图名> ] ...
[ WHERE <条件表达式> ]
[ GROUP BY <列名 1> [ HAVING <条件表达式> ] ]
[ ORDER BY <列名 2> [ ASC|DESC ] ];
```

SELECT 子句：指定要显示的属性列。

FROM 子句：指定查询对象(基本表或视图)。

WHERE 子句：指定查询条件。

GROUP BY 子句：对查询结果按指定列的值分组，该属性列值相等的元组为一个组。通常会在每组中使用集函数。

HAVING 短语：筛选出满足指定条件的组。

ORDER BY 子句：对查询结果表按指定列值的升序或降序排序。

7.8.1 选择表中的若干列

【例 7.8.1-1】 查询全体学生的学号与姓名，代码如下：

```
SELECT Sno, Sname FROM Student;
```

【例 7.8.1-2】 查询全体学生的姓名、学号、所在系，代码如下：

```
SELECT Sname, Sno, Sdept FROM Student;
```

【例 7.8.1-3】 查询全体学生的详细记录，代码如下：

```
SELECT Sno, Sname, Ssex, birthday, Sdept, class, sgkcj FROM Student;
```

或

```
SELECT * FROM Student;
```

SELECT 子句的<目标列表达式>为表达式(算术表达式、字符串常量、函数、列别名等)。

【例 7.8.1-4】 查全体学生的姓名及其出生年份，代码如下：

```
SELECT Sname, year(birthday) FROM Student;
```

【例 7.8.1-5】 查询全体学生的姓名、出生年份和所有系，要求用小写字母表示所有系名。

```
SELECT Sname, 'Year of Birth:', 2015-year(birthday) as '年龄', upper(Sdept) '学院' FROM Student;
```

7.8.2 选择表中的若干元组

【例 7.8.2-1】 查询选修了课程的学生学号，代码如下：

```
SELECT Sno FROM SC;
SELECT DISTINCT Sno FROM SC;
```

注意：DISTINCT 短语的作用范围是所有目标列。

【例 7.8.2-2】 查询选修课程的各种成绩，代码如下：

(1) 错误的写法：

```
SELECT DISTINCT Cno, DISTINCT Grade FROM SC;
```

(2) 正确的写法：

```
SELECT DISTINCT Cno, Grade FROM SC;
```

7.8.3 排序及各类复杂单表查询

【例 7.8.3-1】 查询所有年龄在 20 岁以下的学生姓名及其年龄，代码如下：

```
select sname, 2015-year(birthday) as age from student where ( 2015-year(birthday) ) < 20;
```

【例 7.8.3-2】 查询年龄在 20～23 岁(包括 20 岁和 23 岁)之间的学生的姓名、系别和年龄，代码如下：

```
SELECT Sname, Sdept, birthday FROM Student WHERE 2015-year(birthday) BETWEEN 20 AND 23;
```

【例 7.8.3-3】 查询信息系(IS)、数学系(MA)和计算机科学系(CS)学生的姓名和性别，代码如下：

```
SELECT Sname, Ssex FROM Student WHERE Sdept IN ('IS', 'MA', 'CS' );
```

【例 7.8.3-4】 查询既不是信息系、数学系，也不是计算机科学系的学生的姓名和性别，代码如下：

```
SELECT Sname, Ssex FROM Student WHERE Sdept NOT IN ('IS', 'MA', 'CS');
```

【例 7.8.3-5】 查询学号为 2012001 的学生的详细情况，代码如下：

```
SELECT * FROM Student WHERE Sno LIKE '2012001';
```

等价于：

```
SELECT * FROM Student WHERE Sno='2012001';
```

【例 7.8.3-6】 查询所有姓“赵”学生的姓名、学号和性别，代码如下：

```
SELECT Sname, Sno, Ssex FROM Student WHERE Sname LIKE '赵%';
```

【例 7.8.3-7】 查询姓“马”且全名为三个汉字的学生的姓名，代码如下：

```
SELECT Sname FROM Student WHERE Sname LIKE '马__';
```

【例 7.8.3-8】 查询名字中第 2 个字为"莉"字的学生的姓名和学号，代码如下：

```
SELECT Sname, Sno FROM Student WHERE Sname LIKE '_莉%';
```

【例 7.8.3-9】 查询所有不姓刘的学生姓名，代码如下：

```
SELECT Sname, Sno, Ssex FROM Student WHERE Sname NOT LIKE '刘%';
```

【例 7.8.3-10】 查询 DB_Design 课程的课程号和学分，代码如下：

```
SELECT Cno, Ccredit FROM Course WHERE Cname LIKE 'DB\_Designer' ESCAPE '\';
```

【例 7.8.3-11】 查询以"DB_"开头，且倒数第 5 个字符为 i 的课程的详细情况，代码如下：

```
SELECT * FROM Course WHERE Cname LIKE 'DB\_%i____' ESCAPE '\';
```

【例 7.8.3-12】 某些学生选修课程后没有参加考试，所以有选课记录，但没有考试成绩。查询缺少成绩的学生的学号和相应的课程号，代码如下：

```
SELECT Sno, Cno FROM SC WHERE Grade IS NULL;
```

【例 7.8.3-13】 查所有有成绩的学生学号和课程号，代码如下：

```
SELECT Sno, Cno FROM SC WHERE Grade IS NOT NULL;
```

【例 7.8.3-14】 查询计算机系年龄在 20 岁以下的学生姓名，代码如下：

```
SELECT Sname FROM Student WHERE Sdept='CS' AND 2015 - YEAR(birthday) < 20;
```

【例 7.8.3-15】 查询信息系(IS)、数学系(MA)和计算机科学系(CS)学生的姓名和性别，代码如下：

```
SELECT Sname, Ssex FROM Student WHERE Sdept IN ( 'IS', 'MA', 'CS');
```

可改写为：

```
SELECT Sname, Ssex FROM Student WHERE Sdept='IS' OR Sdept='MA' OR Sdept='CS';
```

【例 7.8.3-16】 查询选修了 003 号课程的学生的学号及其成绩，查询结果按分数降序排列，代码如下：

```
SELECT Sno, Grade FROM SC WHERE Cno='003' ORDER BY Grade DESC;
```

【例 7.8.3-17】 查询全体学生情况，查询结果按所在系的系号升序排列，同一系中的学生按年龄降序排列，代码如下：

```
SELECT * FROM Student ORDER BY Sdept, 2015-YEAR(birthday) DESC;
```

7.8.4 使用集函数

5 类主要集函数包括：

· 计数

COUNT([DISTINCT|ALL] *)

COUNT([DISTINCT|ALL] <列名>)

· 计算总和

SUM([DISTINCT|ALL] ＜列名＞)

· 计算平均值

AVG([DISTINCT|ALL] ＜列名＞)

· 求最大值

MAX([DISTINCT|ALL] ＜列名＞)

· 求最小值

MIN([DISTINCT|ALL] ＜列名＞)

【例 7.8.4－1】 查询学生总人数，代码如下：

```
SELECT COUNT(*) FROM Student;
```

【例 7.8.4－2】 查询选修了课程的学生人数，代码如下：

```
SELECT COUNT(DISTINCT Sno) FROM SC;
```

备注：用 DISTINCT 以避免重复计算学生人数。

【例 7.8.4－3】 计算 1 号课程的学生平均成绩，代码如下：

```
SELECT AVG(Grade) FROM SC WHERE Cno='101';
```

【例 7.8.4－4】 查询选修 1 号课程的学生最高分数，代码如下：

```
SELECT MAX(Grade) FROM SC WHERE Cno='101';
```

7.8.5 对查询结果分组

SQL Server 使用 GROUP BY 子句分组来细化集函数的作用对象。如果未对查询结果分组，集函数将作用于整个查询结果；如果对查询结果分组后，集函数将分别作用于每个组。

【例 7.8.5－1】 求各个课程号及相应的选课人数，代码如下：

```
SELECT Cno, COUNT(Sno) FROM SC GROUP BY Cno;
```

【例 7.8.5－2】 查询选修了 2 门及以上课程的学生学号，代码如下：

```
SELECT Sno FROM SC GROUP BY Sno HAVING COUNT(*)>=2;
```

【例 7.8.5－3】 查询有 2 门及以上课程是 90 分以上的学生的学号及 90 分以上的课程数。

```
SELECT Sno, COUNT(*) FROM SC WHERE Grade>=90 GROUP BY Sno HAVING
COUNT(*)>=2;
```

7.8.6 多表连接

大多数时候，数据都分布在不同的表中，但是客户想看的数据却是集成的。因此必须涉及多表查询。

【例 7.8.6－1】 查询选择了课程的学生名、课程编号及成绩的情况，代码如下：

```
Select Student.Sname, SC.Cno, SC.Grade from Student, SC where Student.Sno=SC.Sno;
```

【例 7.8.6－2】 查询选择了课程的学生名、课程名称及成绩的情况，代码如下：

```
select Student.Sname, Course.Cname, SC.Grade from Student, SC, Course where
        Student.Sno=SC.Sno and SC.Cno=Course.Cno;
```

【例 7.8.6－3】 查询有课程成绩在 90 分以上的学生信息，代码如下：

辨析 1：

```
select Student.*, SC.Cno, SC.Grade from Student, SC where SC.Grade>=90;
```

辨析 2：

```
select Student.*, SC.Cno, SC.Grade from Student, SC where SC.Grade>=90 and
        Student.Sno=SC.Sno;
```

认真分析两个结果的差异，指出哪个是正确的，并给出原因

【例 7.8.6-4】 查询每一门课的间接先修课(即先修课的先修课)，代码如下：

```
select b.Cno, b.Cname, b.Cpno, '先修课是：', a.Cname, a.Ccredit, b.Cpno
        from dbo.Course as a, dbo.Course as b where a.Cno=b.Cpno;
```

【例 7.8.6-5】 查询每个学生及其选修课程的情况(包括没有选修课程的学生)，用外连接操作，代码如下：

```
select * from Student left join SC on Student.Sno=SC.Sno;
```

【例 7.8.6-6】 查询每个课程及其选修课程的学生(包括没有被学生选修的课程)，用外连接操作，代码如下：

```
select * from Course left join SC on Course.Cno=SC.Cno;
```

【例 7.8.6-7】 查询选修 101 课程且成绩在 60 分以上的所有学生的学号、姓名，代码如下：

```
select Student.Sno, Student.Sname from Student, SC where Student.Sno=SC.Sno and SC.
Grade>60 and SC.Cno='101';
```

【例 7.8.6-8】 查询每个学生的学号、姓名、选修的课程名及成绩，代码如下：

辨析 1：

```
select Student.Sname, Course.Cname, SC.Grade from Student, SC, Course
        where Student.Sno=SC.Sno and SC.Cno=Course.Cno;
```

辨析 2：

```
select Student.Sno, Student.Sname, Course.Cname, SC.Grade from Student
        left join SC on Student.Sno=SC.Sno left join Course on SC.Cno=Course.Cno;
```

认真辨析差异，指出正确的答案，并分析原因。

第八章　数据库基础——ASP.NET 数据库编程

8.1　数据的新增

8.1.1　新增案例

【案例 8.1.1-1】　通过代码在 SQL Server 2008 中插入数据(用第七章的数据库，利用 sqlteach.bak 还原得来)

(1) 新建一个空 ASP.NET 工程。

(2) 在里面添加一个 insert.aspx 页面，并在上面增加 2 个文本框(文本框前分别写上"学号"和"姓名")和一个按钮，如图 8.1 所示。

图 8.1　insert.aspx 设计界面

(3) 把"学号"后面的文本框的 id 属性修改为"TB_sno"，把"姓名"后面的文本框的 id 属性修改为"TB_sname"，把按钮的 Text 属性修改为"新增"。双击按钮创建 Button1_Click 函数。

(4) 在 Button1_Click 函数中添加如下代码：

```
//第一步：建立与本机数据库的连接，并打开连接
string connstr="server=127.0.0.1; uid=sa; pwd=sa123; database=sqlteach";
SqlConnection conn=new SqlConnection(connstr);
conn.Open();
//第二步；建立 command 对象，并将上一步建立的连接绑定给 command 对象
SqlCommand cmd=new SqlCommand();
cmd.Connection=conn;
//第三步，准备数据库 SQL 语句，用来插入数据
string sno=this.TB_sno.Text.Trim();
string sname=this.TB_sname.Text.Trim();
string sql_ins="insert into student(sno, sname) values('" + sno + "', '" + sname + "');";
cmd.CommandText=sql_ins;
//第四步：执行命令，把数据放入数据库中
```

```
cmd.ExecuteNonQuery();
conn.Close();
Response.Write("<script>alert('插入数据成功，学号是：" + sno + "；姓名是：" + sname +
"。')；</script>");
```

(5) 设置 insert.aspx 为首页，运行后即可见效。

备注：请勿重复输入学号相同的数据，否则第二条数据将因为主码冲突而无法录入。

8.1.2 案例剖析

(1) 建立与本机数据库的连接，并打开连接。

```
string connstr="server=127.0.0.1; uid=sa; pwd=sa123; database=sqlteach";
SqlConnection conn=new SqlConnection(connstr);
conn.Open();
```

第一行代码建立了一个连接字符串，串内的参数有四个，分别是 server、uid、pwd 和 database。其中 server 是你需要连接的 SQL Server 数据库的服务器 IP 地址，一般建议初学者把 SQL Server 安装在本机，也就是 IP 地址为 127.0.0.1 的机器上；uid 是 SQL Server 上用来连接的账户(注意必须把 SQL Server 设置为复合登录模式)，建议初学者用 sa；pwd 是 sa 用户的密码；而最后一个 database 参数则是 SQL Server 中数据库的名称，由于我们使用了第七章的数据库，所以这个数据库名称是“sqlteach”。

第二行代码是建立一个 sqlconnection 对象(在使用前需要在代码前端加上 using System.Data.SqlClient 引用)，用来连接 SQL Server 数据库，建立对象的时候把第一行设置的连接字符串作为参数赋给构造函数。

第三行代码，是打开这个连接。如果第一行的连接参数是正确的，则会正常打开；否则会报错。

(2) 建立 command 对象，并将上一步建立的连接绑定给 command 对象。

```
SqlCommand cmd=new SqlCommand();
cmd.Connection=conn;
```

Command 对象是用来把 SQL 语句送给 SQL Server 执行的控制器，它通过 SqlCommand cmd=new SqlCommand()创建(在使用前需要在代码前端加上 using System.Data.SqlClient 引用)。它需要把在第一步创建的 sqlconnection 类型的对象 conn，作为和数据库的连接桥接(cmd.Connection=conn 语句即为关联方式)。

(3) 准备数据库 SQL 语句，用来插入数据。

```
string sno=this.TB_sno.Text.Trim();
string sname=this.TB_sname.Text.Trim();
string sql_ins="insert into student(sno, sname) values('" + sno + "', '" + sname + "');";
cmd.CommandText=sql_ins;
```

接下来需要把两个文本框内的文字分别读入到两个字符串变量 sno 和 sname 中，然后利用这些值拼凑出一条 insert 语句。如同 string sql_ins="insert into student(sno, sname) values('" + sno + "', '" + sname + "');"所示。

最后，把这条 SQL 语句赋给 cmd 对象的 CommandText 属性。

(4) 执行命令，把数据放入数据库中。

```
cmd.ExecuteNonQuery();
conn.Close();
Response.Write("<script>alert('插入数据成功，学号是：" + sno + "；姓名是：" + sname + 
"。')；</script>");
```

接下来需要把 SQL 语句输送到 SQL Server 去执行。只需要 cmd.ExecuteNonQuery() 这条语句即可完成。

完成命令后，效果已经实现。需要关闭连接，释放占用的内存资源。这时候使用 conn.Close()即可。然后需要在网页上向用户弹出窗口提示插入数据成功，最后一条语句起到提示作用。

8.2 数据的更改

8.2.1 案例

【案例 8.2.1-1】 通过代码在 SQL Server 2008 中更新数据(用第七章的数据库，利用 sqlteach.bak 还原得来。)

(1) 打开案例 8.1.1-1 的工程。

(2) 在里面添加一个 update.aspx 页面，并在上面增加 2 个文本框(文本框前分别写上"学号"和"姓名")和一个按钮，如图 8.2 所示：

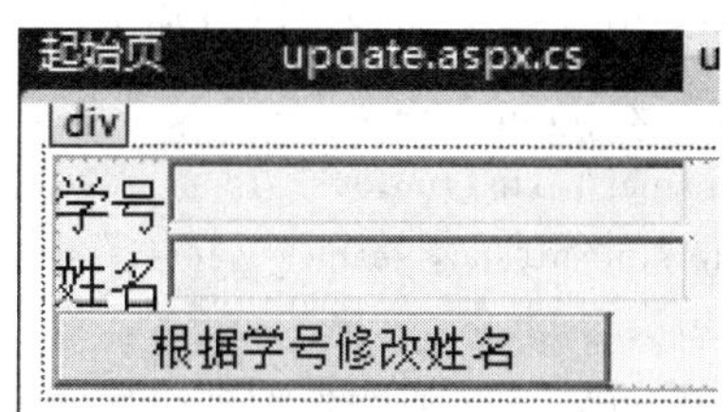

图 8.2 update.aspx 设计界面

(3) 把"学号"文字后面的文本框的 id 属性修改为"TB_sno"，把"姓名"文字后面的文本框的 id 属性修改为"TB_sname"，把按钮的 Text 属性修改为"根据学号修改姓名"。双击按钮创建 Button1_Click 函数。

(4) 在 Button1_Click 函数中添加如下代码：

```
//第一步：建立与本机数据库的连接，并打开连接
string connstr="server=127.0.0.1; uid=sa; pwd=sa123; database=sqlteach";
SqlConnection conn=new SqlConnection(connstr);
conn.Open();
//第二步；建立 command 对象，并将上一步建立的连接绑定给 command 对象
SqlCommand cmd=new SqlCommand();
cmd.Connection=conn;
//第三步，准备数据库 SQL 语句，用来更新数据
string sno=this.TB_sno.Text.Trim();
string sname=this.TB_sname.Text.Trim();
```

```
string sql_upt="update student set sname='" + sname + "' where sno='" + sno + "';";
cmd.CommandText=sql_upt;
//第四步：执行命令，更新数据库中数据
cmd.ExecuteNonQuery();
conn.Close();
Response.Write("<script>alert('更新数据成功，学号是：" + sno + "；姓名被更新为：" + sname + "。');</script>");
```

(5) 设置 update.aspx 为首页，运行后即可见效，使用时先输入已知学号，再输入需要修改的值，点击按钮即可完成姓名修改。

8.2.2 案例剖析

(1) 建立与本机数据库的连接，并打开连接。代码如下：

```
string connstr="server=127.0.0.1; uid=sa; pwd=sa123; database=sqlteach";
SqlConnection conn=new SqlConnection(connstr);
conn.Open();
```

代码解释参考 8.1.2 对应部分。

(2) 建立 command 对象，并将上一步建立的连接绑定给 command 对象。代码如下：

```
SqlCommand cmd=new SqlCommand();
cmd.Connection=conn;
```

代码解释参考 8.1.2 对应部分。

(3) 准备数据库 SQL 语句，用来插入数据。代码如下：

```
string sno=this.TB_sno.Text.Trim();
string sname=this.TB_sname.Text.Trim();
string sql_ins="insert into student(sno, sname) values('" + sno + "', '" + sname + "');";
cmd.CommandText=sql_ins;
```

接下来需要把两个文本框内的文字分别读入到两个字符串变量 sno 和 sname 中，然后利用这些值拼凑出一条 update 语句。如同 string sql_ins="insert into student(sno, sname) values('" + sno + "', '" + sname + "');"; 所示。

最后，把这条 SQL 语句赋给 cmd 对象的 CommandText 属性。

(4) 执行命令，把数据放入数据库中。代码如下：

```
cmd.ExecuteNonQuery();
conn.Close();
Response.Write("<script>alert('更新数据成功，学号是：" + sno + "；姓名被更新为：" + sname + "。');</script>");
```

代码解释参考 8.1.2 对应部分。

8.3 数据的删除

8.3.1 案例

【案例 8.3.1－1】 通过代码在 SQL Server 2008 中删除数据(用第七章的数据库，利用

sqlteach. bak 还原得来。）

（1）打开案例 8. 1. 1－1 的工程。

（2）在里面添加一个 delete. aspx 页面，并在上面增加 1 个文本框（文本框前写上“学号”）和一个按钮，如图 8. 3 所示：

图 8. 3　delete. aspx 设计界面

（3）把“学号”后面的文本框的 id 属性修改为“TB_sno”，把按钮的 Text 属性修改为“根据学号删除记录”。双击按钮创建 Button1_Click 函数。

（4）在 Button1_Click 函数中添加如下代码：

```
//第一步：建立与本机数据库的连接，并打开连接
string connstr="server=127.0.0.1；uid=sa；pwd=sa123；database=sqlteach"；
SqlConnection conn=new SqlConnection(connstr)；
conn. Open()；
//第二步：建立 command 对象，并将上一步建立的连接绑定给 command 对象
SqlCommand cmd=new SqlCommand()；
cmd. Connection=conn；
//第三步，准备数据库 SQL 语句，用来删除数据
string sno=this. TB_sno. Text. Trim()；
string sql_upt="delete from student where sno='" + sno + "'；"；
cmd. CommandText=sql_upt；
//第四步：执行命令，删除数据库中数据
cmd. ExecuteNonQuery()；
conn. Close()；
Response. Write("<script>alert('删除数据成功，学号是：" + sno + "的数据已经删除!')；</script>")；
```

（5）设置 delete. aspx 为首页，运行后即可见效，使用时先输入已知学号，点击按钮即可完成对应数据的删除。

8. 3. 2　案例剖析

（1）建立与本机数据库的连接，并打开连接。代码如下：

```
string connstr="server=127.0.0.1；uid=sa；pwd=sa123；database=sqlteach"；
SqlConnection conn=new SqlConnection(connstr)；
conn. Open()；
```

代码解释参考 8. 1. 2 对应部分。

（2）建立 command 对象，并将上一步建立的连接绑定给 command 对象。代码如下：

```
SqlCommand cmd=new SqlCommand()；
cmd. Connection=conn；
```

代码解释参考 8.1.2 对应部分。

(3) 准备数据库 SQL 语句，用来插入数据。代码如下：

```
string sno=this.TB_sno.Text.Trim();
string sql_upt="delete from student where sno='" + sno+"';";
cmd.CommandText=sql_upt;
```

接下来需要把文本框内的文字读入到字符串变量 sno 中，然后利用这些值拼凑出一条 delete 语句。如同 string sql_upt="delete from student where sno='"+sno+"';"所示。

最后，把这条 SQL 语句赋给 cmd 对象的 CommandText 属性。

(4) 执行命令，把数据放入数据库中。代码如下：

```
cmd.ExecuteNonQuery();
conn.Close();
Response.Write("<script>alert('删除数据成功，学号是："+sno+"的数据已经删除!');</script>");
```

接下来需要把 SQL 语句输送到 SQL Server 去执行。只需要 cmd.ExecuteNonQuery() 这条语句即可完成。

完成命令后，效果已经实现。需要关闭连接，释放占用的内存资源，这时候使用 conn.Close()即可。然后需要在网页上向用户弹出窗口提示插入数据成功，最后一条语句起到提示作用。

8.4 数据的查询

8.4.1 使用 GridView 承接查询数据案例

【案例 8.4.1-1】 通过代码从 SQL Server 2008 查出数据并放入到网页 GridView 控件中(数据库用第七章的数据库，利用 sqlteach.bak 还原得来。)

(1) 打开案例 8.1.1-1 的工程。

(2) 在里面添加一个 selectForGridView.aspx 页面，并在上面增加 1 个文本框(文本框前写上“关键字”)和一个按钮，同时从“标准”工具箱下面的“数据”工具箱里拖放一个 GridView 控件到页面上，如图 8.4 所示：

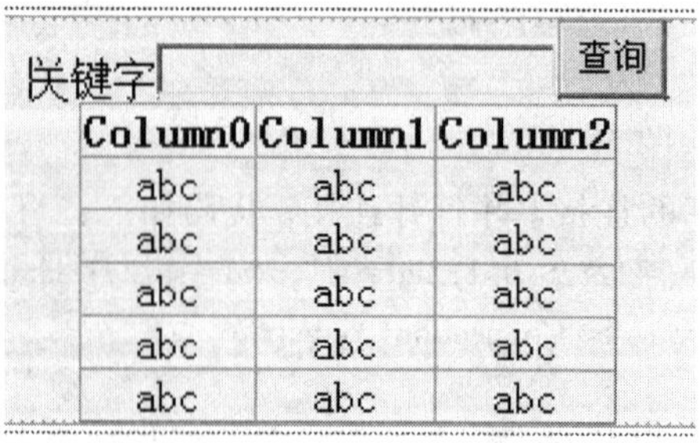

关键字 [ ] 查询

Column0	Column1	Column2
abc	abc	abc
abc	abc	abc
abc	abc	abc
abc	abc	abc
abc	abc	abc

图 8.4 selectForGridView.aspx 设计界面

(3) 把“学号”后面的文本框的 id 属性修改为“TB_key”，把按钮的 Text 属性修改为“查询”。双击按钮创建 Button1_Click 函数。

(4) 在 Button1_Click 函数中添加如下代码(注意在代码文件的头部除了加上 using System.Data.SqlClient 以外，还要加上 using System.Data)：

```
//第一步：建立与本机数据库的连接，并打开连接
string connstr="server=127.0.0.1; uid=sa; pwd=sa123; database=sqlteach";
SqlConnection conn=new SqlConnection(connstr);
conn.Open();
//第二步；建立 command 对象，并将上一步建立的连接绑定给 command 对象
SqlCommand cmd=new SqlCommand();
cmd.Connection=conn;
//第三步，准备数据库 SQL 语句，用来插入数据
string key=this.TB_key.Text.Trim();
string sql_sel_gridview="select sno, sname from student where sname like '%" + key + "%';";
cmd.CommandText=sql_sel_gridview;
//第四步：创建数据适配器
SqlDataAdapter sda=new SqlDataAdapter();
sda.SelectCommand=cmd;
//第五步：执行命令，把数据从数据库中查询出来，放到页面数据集 ds 中
DataSet ds=new DataSet();
sda.Fill(ds);
this.GridView1.DataSource=ds.Tables[0];
this.GridView1.DataBind();
//第六步:关闭连接
conn.Close();
```

(5) 设置 selectForGridView.aspx 为首页，运行后即可见效，使用时先输入关键字(如果不输入代表全部查询)，点击按钮即可完成查询，数据会出现在 GridView 中。

8.4.2　使用 GridView 查询案例分析

(1) 建立与本机数据库的连接，并打开连接。代码如下：

```
string connstr="server=127.0.0.1; uid=sa; pwd=sa123; database=sqlteach";
SqlConnection conn=new SqlConnection(connstr);
conn.Open();
```

代码解释参考 8.1.2 对应部分。

(2) 建立 command 对象，并将上一步建立的连接绑定给 command 对象。代码如下：

```
SqlCommand cmd=new SqlCommand();
cmd.Connection=conn;
```

代码解释参考 8.1.2 对应部分。

(3) 准备数据库 SQL 语句，用来插入数据。代码如下：

```
string key=this.TB_key.Text.Trim();
string sql_sel_gridview="select sno, sname from student where sname like '%" + key+"%';";
cmd.CommandText=sql_sel_gridview;
```

接下来需要把文本框内的文字读入到字符串变量 key 中，然后利用这些值拼凑出一条 select 语句。如同 string sql_sel_gridview ="select sno, sname from student where sname like '%" + key+"%'; "; 所示。

最后，把这条 SQL 语句赋给 cmd 对象的 CommandText 属性。

(4) 创建数据适配器。代码如下：

```
SqlDataAdapter sda=new SqlDataAdapter();
sda.SelectCommand=cmd;
```

在查询数据的时候，使用数据适配器是一种常用的手段。方法是创建一个数据适配器(SqlDataAdapter)对象 sda，并把建立的 cmd 命令对象作为适配器的查询命令对象。

(5) 执行命令，把数据从数据库中查询出来，放到页面数据集 ds 中。代码如下：

```
DataSet ds=new DataSet();
sda.Fill(ds);
this.GridView1.DataSource=ds.Tables[0];
this.GridView1.DataBind();
```

接下来需要创建一个在页面上的数据集合，用来承接从数据库查询出来的数据，这就是 DataSet 类型的对象。我们创建一个 DataSet 类型的对象 ds，然后调用数据适配器 sda 的 Fill 方法，自动把查询出来的数据插入到 ds 中。

还需要把页面上的数据集合绑定到 GridView 上。方法是把 ds 数据集中的第一个表(存放的就是返回的数据结果表)作为 GridView 的数据源，通过语句 this.GridView1.DataSource=ds.Tables[0]实现。最后执行 GridView 的绑定函数，即可完成数据在页面上的呈现(this.GridView1.DataBind())。

(6) 释放资源，关闭连接。代码如下：

```
conn.Close();
```

8.4.3 使用 DropDownList 承接查询数据案例

【案例 8.4.3-1】 通过代码从 SQL Server 2008 查出数据并放入到网页 DropDownList 控件中(数据库用第七章的数据库，利用 sqlteach.bak 还原得来。)

(1) 打开案例 8.1.1-1 的工程。

(2) 在里面添加一个 selectForDropDownList.aspx 页面，并在上面增加 1 个 DropDownList 控件，同时拖放一个按钮，如图 8.5 所示：

图 8.5 selectForDropDownList.aspx 设计界面

(3) 把按钮的 Text 属性修改为“填充姓名数据到 DropDownList”。双击按钮创建 Button1_Click 函数。

(4) 在 Button1_Click 函数中添加如下代码(注意在代码文件的头部除了加上 using System.Data.SqlClient 以外，还加上 using System.Data)：

```
//第一步：建立与本机数据库的连接，并打开连接
string connstr="server=127.0.0.1; uid=sa; pwd=sa123; database=sqlteach";
```

```
SqlConnection conn=new SqlConnection(connstr);
conn.Open();
//第二步：建立 command 对象，并将上一步建立的连接绑定给 command 对象
SqlCommand cmd=new SqlCommand();
cmd.Connection=conn;
//第三步，准备数据库 SQL 语句，用来插入数据
stringsql_sel_DropDownList="select sno, sname from student;";
cmd.CommandText =sql_sel_DropDownList;
//第四步：创建数据适配器
SqlDataAdapter sda=new SqlDataAdapter();
sda.SelectCommand=cmd;
//第五步：执行命令，把数据从数据库中查询出来，放到页面数据集 ds 中
DataSet ds=new DataSet();
sda.Fill(ds);
//第六步：绑定数据到 DropDownList1li
DropDownList1.DataTextField="sname";
DropDownList1.DataValueField="sno";
DropDownList1.DataSource=ds.Tables[0];
DropDownList1.DataBind();
//第七步:关闭连接
conn.Close();
```

(5) 设置 selectForDropDownList.aspx 为首页，运行后即可见效，使用时点击按钮即可完成查询，数据会出现在 DropDownList 中。

8.4.4 使用 DropDownList 承接查询数据案例分析

(1) 建立与本机数据库的连接，并打开连接。代码如下：

```
string connstr="server=127.0.0.1; uid=sa; pwd=sa123; database=sqlteach";
SqlConnection conn=new SqlConnection(connstr);
conn.Open();
```

代码解释参考 8.1.2 对应部分。

(2) 建立 command 对象，并将上一步建立的连接绑定给 command 对象。代码如下：

```
SqlCommand cmd=new SqlCommand();
cmd.Connection=conn;
```

代码解释参考 8.1.2 对应部分。

(3) 准备数据库 SQL 语句，用来插入数据。代码如下：

```
stringsql_sel_DropDownList="select sno, sname from student;";
cmd.CommandText =sql_sel_DropDownList;
```

接下来需要拼出一条 select 语句，只查出 student 表中的 sno 和 sname 两个字段。如同 string sql_sel_gridview="select sno, sname from student;"; 所示。

最后，把这条 SQL 语句赋给 cmd 对象的 CommandText 属性。

(4) 创建数据适配器。代码如下：

```
SqlDataAdapter sda=new SqlDataAdapter();
```

```
sda.SelectCommand=cmd;
```

代码解释参考8.4.2对应部分。

(5) 执行命令，把数据从数据库中查询出来，放到页面数据集ds中。代码如下：

```
DataSet ds=new DataSet();
sda.Fill(ds);
```

接下来需要创建一个在页面上的数据集合，用来承接从数据库查询出来的数据，这就是DataSet类型的对象，我们创建一个DataSet类型的对象ds，然后调用数据适配器sda的Fill方法，自动把查询出来的数据插入到ds中。

(6) 绑定数据到DropDownList1li。代码如下：

```
DropDownList1.DataTextField="sname";
DropDownList1.DataValueField="sno";
DropDownList1.DataSource=ds.Tables[0];
DropDownList1.DataBind();
```

首先把DropDownList的DataTextField(就是显示在外的文本)设置为查询出来的sname字段；然后把DropDownList的DataValueField(隐藏的和每个文本对应的值)设置为查询出来的sno字段。接下来就可以把DropDownList的数据源设置为ds的第一个表，然后执行DropDownList的绑定函数，数据就进入了DropDownList对象中。

(7) 释放资源，关闭连接。代码如下：

```
conn.Close();
```

8.4.5 使用ListBox承接查询数据案例

【案例8.4.5-1】 通过代码从SQL Server 2008查出数据并放入到网页ListBox控件中(数据库用第七章的数据库，利用sqlteach.bak还原得来。)

(1) 打开案例8.1.1-1的工程。

(2) 在里面添加一个selectForListBox.aspx页面，并在上面增加1个ListBox控件，同时拖放一个按钮，如图8.6所示：

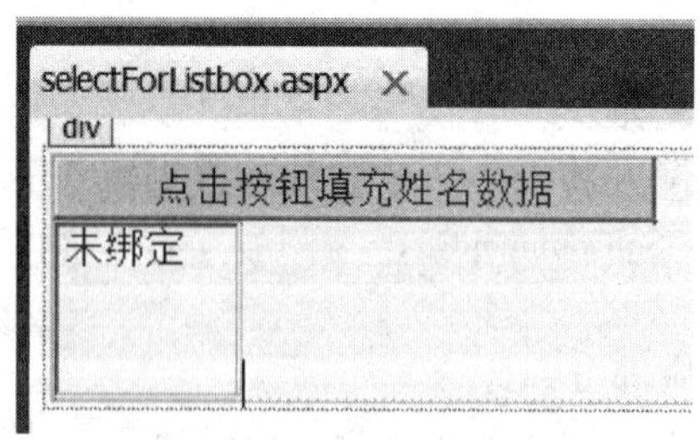

8.6 selectForListBox.aspx设计界面

(3) 把按钮的Text属性修改为“点击按钮填充姓名数据”。双击按钮创建Button1_Click函数。

(4) 在Button1_Click函数中添加如下代码(注意在代码文件的头部除了加上using System.Data.SqlClient以外，还加上using System.Data)：

```
//第一步：建立与本机数据库的连接，并打开连接
string connstr="server=127.0.0.1;uid=sa;pwd=sa123;database=sqlteach";
```

```
SqlConnection conn=new SqlConnection(connstr);
conn.Open();
//第二步：建立 command 对象，并将上一步建立的连接绑定给 command 对象
SqlCommand cmd=new SqlCommand();
cmd.Connection=conn;
//第三步，准备数据库 SQL 语句，用来插入数据
string sql_sel_listbox="select sno, sname from student;";
cmd.CommandText=sql_sel_listbox;
//第四步：创建数据适配器
SqlDataAdapter sda=new SqlDataAdapter();
sda.SelectCommand=cmd;
//第五步：执行命令，把数据从数据库中查询出来，放到页面数据集 ds 中
DataSet ds=new DataSet();
sda.Fill(ds);
//第六步：绑定数据到 DropDownList1li
ListBox1.DataTextField="sname";
ListBox1.DataValueField="sno";
ListBox1.DataSource=ds.Tables[0];
ListBox1.DataBind();
//第六步:关闭连接
conn.Close();
```

(5) 设置 selectForListbox.aspx 为首页，运行后即可见效，使用时点击按钮即可完成查询，数据会出现在 Listbox 中。

8.4.6 使用 ListBox 承接查询数据案例分析

(1) 建立与本机数据库的连接，并打开连接。代码如下：

```
string connstr="server=127.0.0.1; uid=sa; pwd=sa123; database=sqlteach";
SqlConnection conn=new SqlConnection(connstr);
conn.Open();
```

代码解释参考 8.1.2 对应部分。

(2) 建立 command 对象，并将上一步建立的连接绑定给 command 对象。代码如下：

```
SqlCommand cmd=new SqlCommand();
cmd.Connection=conn;
```

代码解释参考 8.1.2 对应部分。

(3) 准备数据库 SQL 语句，用来插入数据。代码如下：

```
string sql_sel_listbox="select sno, sname from student;";
cmd.CommandText=sql_sel_listbox;
```

接下来需要拼出一条 select 语句，只查出 student 表中的 sno 和 sname 两个字段。如同 string sql_sel_listbox="select sno, sname from student;"; 所示。

最后，把这条 SQL 语句赋给 cmd 对象的 CommandText 属性。

(4) 创建数据适配器。代码如下：

```
SqlDataAdapter sda=new SqlDataAdapter();
```

```
sda.SelectCommand=cmd;
```

代码解释参考 8.4.2 对应部分。

(5) 执行命令，把数据从数据库中查询出来，放到页面数据集 ds 中。代码如下：

```
DataSet ds=new DataSet();
sda.Fill(ds);
```

接下来需要创建一个在页面上的数据集合，用来承接从数据库查询出来的数据，这就是 DataSet 类型的对象。我们创建一个 DataSet 类型的对象 ds，然后调用数据适配器 sda 的 Fill 方法，自动把查询出来的数据插入到 ds 中。

(6) 绑定数据到 Listbox。代码如下：

```
ListBox1.DataTextField="sname";
ListBox1.DataValueField="sno";
ListBox1.DataSource=ds.Tables[0];
ListBox1.DataBind();
```

首先把 Listbox 的 DataTextField(就是显示在外的文本)设置为查询出来的 sname 字段；然后把 Listbox 的 DataValueField(隐藏的和每个文本对应的值)设置为查询出来的 sno 字段。接下来就可以把 Listbox 的数据源设置为 ds 的第一个表，然后执行 Listbox 的绑定函数，数据就进入了 Listbox 对象中。

(7) 释放资源，关闭连接。

```
conn.Close();
```

第九章 综合训练(系统分析)

9.1 系统分析

选课系统有三种参与角色：管理员、教师与学生。

管理员：向系统中添加学生、教师、教学楼和教室信息；设置选课时间段(到时间前，教师可以开设课程；到时可选课；过时锁定选课)。

教师：开设课程，为自己的课程设置时间和地点，当系统中出现时间地点冲突时，系统向教师提示并推荐一个新时间地点。课程可以被设置成必修或选修，课程亦可设置学分，教师还可以在课程结束后给学生评分，如果学生及格，学生获得该课程的学分。

学生：除了必修课以外，还要选择至少两门选修，可对本人选课信息进行锁定操作，以免误操作。当超过选课时段后，系统锁定学生选课信息并生成学生课表。教师评分后，学生可登录查询成绩与所获学分。

根据上述需求，功能可以分为两类：

一是通用功能：主要实现用户的登录注销和修改密码等；

二是业务功能：为不同用户定制的差异化业务功能。

9.1.1 通用操作

1. 登录与注销

用户可用本人账号登录。操作完成后提供退出系统功能。

2. 修改密码

首次登录用默认密码 123456(教师和学生与帐号一样)，管理员单独设定。

9.1.2 业务功能

1. 系统管理员

设置选课时段：设置选课时段，只有在选课时间段里，学生才可以选择课程，超过此时间段，学生选课信息被自动锁定，不得修改。

录入学生与教师个人信息：实现对教师和学生的个人信息添加删除。

录入教学楼教室信息：把学校里所有的教学楼教室的信息录入到系统中，以便教师在开设课程时候设置上课的教室。

2. 教师用户

显示和修改个人信息：教师登录后，可查看和修改个人信息，如姓名，电话，E-mail 等。

开课：教师登录后可开设课程，设置课程为必修或选修，设置课程最大人数。还可为课程设置前导课程(即这门课的先修课程)。

编辑上课时间：开设了课程后，可以设置上课时间地点。

课程计分：课程结束后，教师登录系统，为选修该课程的学生给予成绩和学分。

3. 学生用户

编辑个人信息：登录后，可查看和修改个人信息，如姓名，电话等。

查看必修课：登录后，可查看所有必修课。包括每门课程的信息，上课时间地点，开课教师信息等。

选择选修课程：登录后，在所有选修课程中可以选择至少两门选修课程。同时可以查看相关信息。

锁定选课信息：登录确定了所选课程后，可锁定自己的选课信息，以防被误操作。

查看选课表：登录后，可列出已选课程，若信息未锁定，可退选，若所选课程少于两门，系统会提示。

查看成绩与学分：结课后，登录系统可查看自己的成绩和已获学分。

9.2 系统总体设计

系统分 10 个模块，其中各模块功能如下：

用户登录模块：验证用户名和密码，并根据用户类型，跳转到对应的页面中。

设置选课时间模块：提供给系统管理员修改选课时间段。

录入信息模块：管理员用来录入学生和教师信息，以及录入教学楼教室等信息。

开设课程模块：提供给教师用户，用来开设一门必修课程或则选修课程。

编辑课程时间地点模块：提供给教师用户，编辑课程的上课时间地点。

评分模块：用于教师用户给选修该教师开设的课程的学生评分。

查看课程模块：包括查看必修课程、选修课程、已选课程以及课程成绩单。

选课和锁定模块：实现选择选修课程和锁定选课信息的功能。

具体如图 9.1 所示：

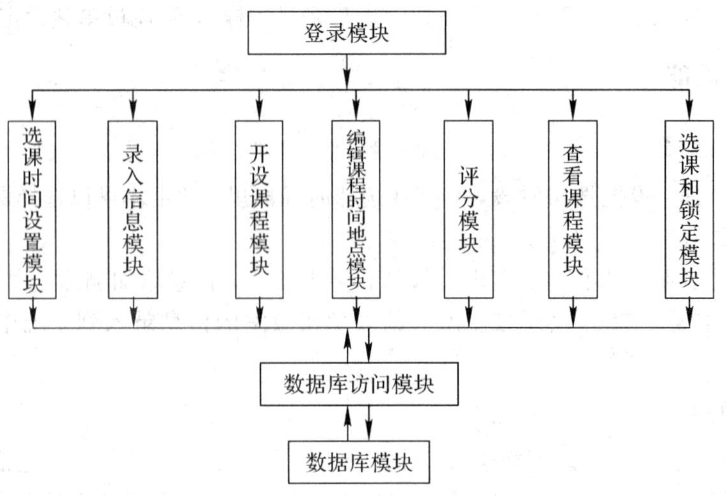

图 9.1　选课系统功能模块树

9.3 数据库系统分析

数据库实体有"教师"、"学生"、"教学楼"、"教室"、"课程"等。"教师"与"课程"存在"开设"联系，一个教师可开 N 门课程，即一对多。"教学楼"与"教室"存在一对多。一个学生可学习 N 门课，一门课可有 M 个学生学习，即多对多。"课程"与"教室"也是多对多。数据库可用 E-R 图表示(见图 9.2、9.3、9.4、9.5、9.6、9.7、9.8)。

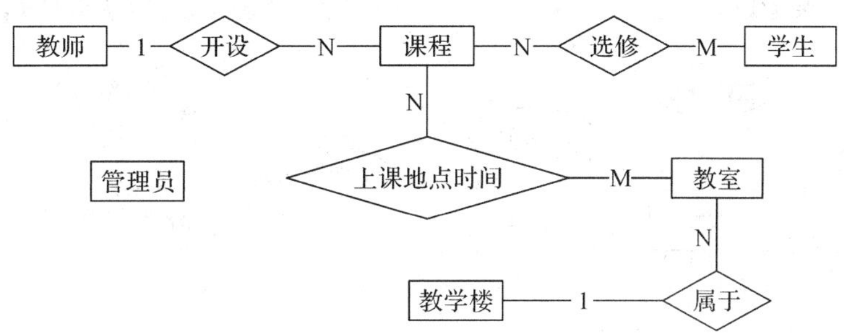

图 9.2 选课系统 E-R 图

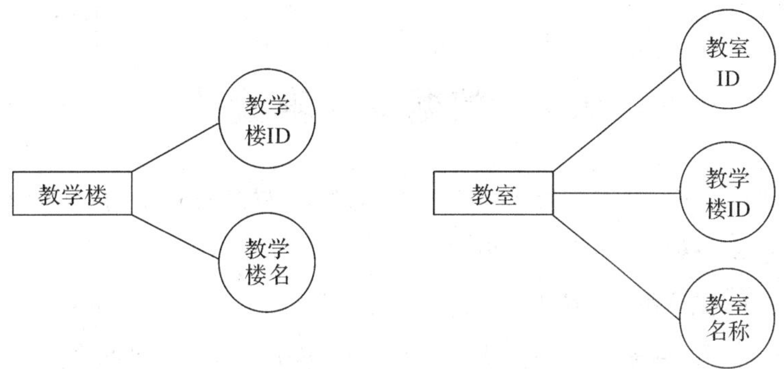

图 9.3 教学楼和教室实体-属性图

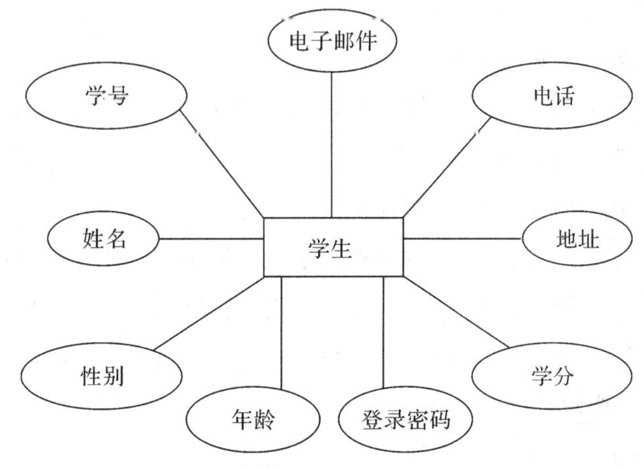

图 9.4 学生实体-属性图

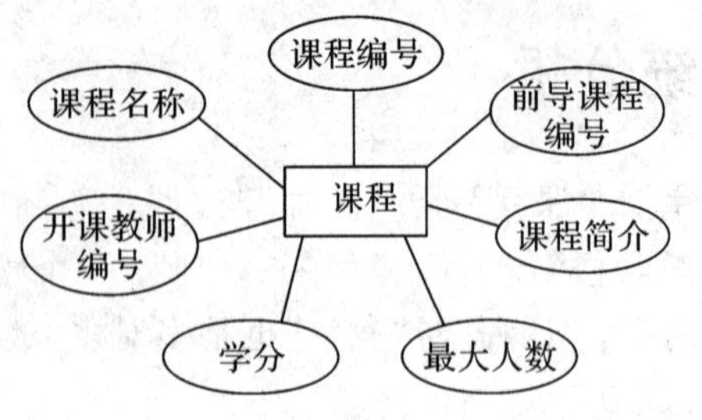

图 9.5　课程实体-属性图

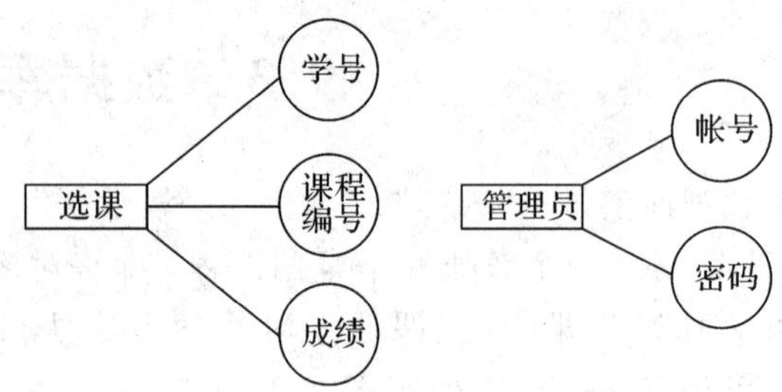

图 9.6　选课关系-属性图以及管理员实体-属性图

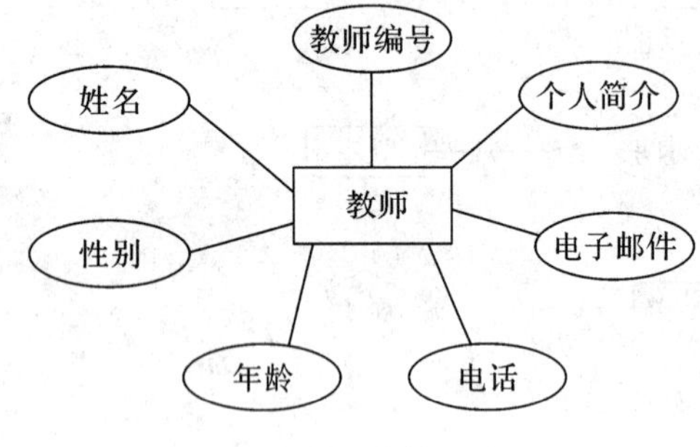

图 9.7　教师实体-属性图

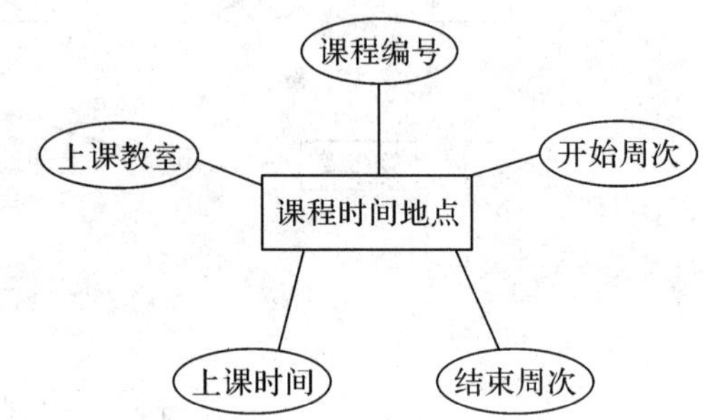

图 9.8　课程时间地点关系-属性图

9.4　数据库逻辑设计

逻辑设计就是将 E－R 图转换为关系模型的过程，转换过程中的常见规则有：

(1) 一个实体型转换为一个关系模式；

(2) 一个一对一的联系可转换成一个独立的关系模式，也可与任意一端对应的关系模式合并；

(3) 一个一对多的联系可以转换成一个独立的关系模式，也可与多的那一端对应的关系模式合并；

(4) 一个多对多的关系转换成一个关系模式。

根据以上规则，将 E－R 图转换成关系模型。

对“教学楼”、“教室”和两者之间的关系，就可以根据规则(3)转换成两个关系模式：

教学楼(教学楼 ID，教学楼名称)

教室(教室 ID，教学楼 ID，教室名称)

对“学生”、“课程”和它们之间的“选修”关系就可以根据规则(4)转换成三个关系模式：

学生(学号，姓名，性别，年龄，登录密码，学分，地址，电话，电子邮件)

课程(课程编号，课程名称，开课教师编号，学分，最大人数，课程简介，前导课程编号)

选课(学号，课程编号，成绩)

依此类推，剩下的关系转换成下面三个关系模式：

教师(教师编号，姓名，性别，年龄，电话，电子邮件，个人简介)

课程时间地点(课程编号，开始周次，结束周次，上课时间，上课教室 ID)

管理员(账号，密码)

备注：下划线表示主码，斜体表示外码。

9.5　数据库物理实现

经过系统分析和逻辑设计后，该数据库的结构已经清晰，接下来用 SQL Server 2008 作为载体实现上述模型。在 SQL Server 2008 的“企业管理器”里创建一个数据库，名称设置为“SC”，如图 9.9 所示。

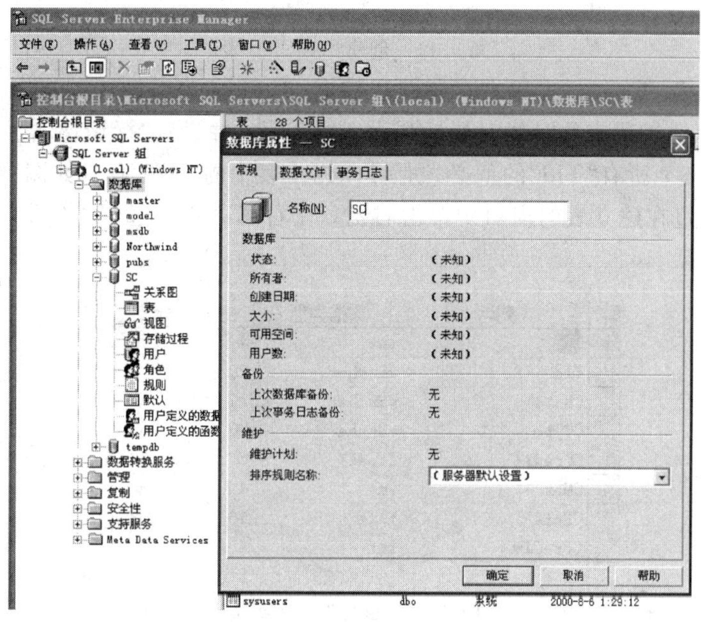

图 9.9　创建“SC”数据库

选中 SC 库，向库中添加 8 个表：Student，Teacher，Course，SC，CourseTime，Building，Room 和 Admin，每个表与逻辑设计中相应关系模式对应。下面是每个表的属性，包括列名、数据类型、长度、是否为空和备注等内容。

(1) Student 表。Student 表用来存储学生的个人信息，使用学号作为主键，如图 9.10 所示。

列名	数据类型	长度	允许空
SId	varchar	20	
Skey	varchar	40	√
SName	varchar	20	√
SSex	varchar	2	√
SAge	int	4	√
SCredit	float	8	√
SAddress	varchar	50	√
SPhone	varchar	50	√
SEmail	varchar	50	√
SLocked	bit	1	√

图 9.10　创建“Student”表

（2）Teacher 表。Teacher 表用来存储教师的个人信息，用学校分配给教师的教师编号作为主键，这样可以避免重复，如图 9.11 所示。

列名	数据类型	长度	允许空
TId	varchar	20	
Tkey	varchar	40	✓
TName	char	20	✓
TSex	varchar	2	✓
TAge	int	4	✓
TPhone	varchar	50	✓
TMail	varchar	50	✓

图 9.11　创建“Teacher”表

（3）Course 表。Course 表用来存储课程信息，Course 表以课程编号为主键，设置课程编号自动增加 1(通过建表的时候对属性列设置“标识”，并设置“标识递增量”为 1)。表中开课教师“Id”为外键，所有“TId”的值必须是 Teacher 表中的“TId”值，如图 9.12 所示。设置外键关系可以通过在建立表的窗口中单击右键，在右键菜单中选择“关系”，在弹出的对话框中设置外键关系。

列名	数据类型	长度	允许空
CId	int	4	
TId	varchar	20	
CName	varchar	20	✓
CType	varchar	20	✓
CCredit	float	8	✓
CMax	int	4	✓
CNote	text	16	✓
CPreCId	int	4	✓

图 9.12　创建“Course”表

（4）SC 表。SC 表用于存储学生的选课信息，在 SC 表中学号和课程编号是主键，同时也是外键，如图 9.13 所示。

列名	数据类型	长度	允许空
SId	varchar	20	
CId	int	4	
Score	float	8	✓

图 9.13　创建“SC”表

（5）CourseTime 表。CourseTime 表用来存放课程的上课时间和上课地点信息，其中课程编号和教室编号为外键，如图 9.14 所示。

列名	数据类型	长度	允许空
CId	int	4	
RoomId	int	4	
CWeekStart	int	4	
CWeekEnd	int	4	
CTime	varchar	50	

图 9.14　创建“CourseTime”表

(6) Building 表。Building 表用来存放教学楼信息，Building 表中教学楼编号为主键，自动增加 1，如图 9.15 所示。

列名	数据类型	长度	允许空
BuildingId	int	4	
BuildingName	varchar	50	✓

图 9.15　创建"Building"表

(7) Room 表。Room 表用来存放教室信息，在 Room 表中，教室编号为主键，自动增加 1，教学楼编号为外键，如图 9.16 所示。

列名	数据类型	长度	允许空
RoomId	int	4	
BuildingId	int	4	
RoomName	varchar	50	✓
RoomSize	int	4	✓

图 9.16　创建"Room"表

(8) Admin 表。Admin 表用来存放系统管理员信息，如图 9.17 所示。

列名	数据类型	长度	允许空
AId	varchar	20	
Akey	varchar	40	✓

图 9.17　创建"Admin"表

第十章 综合训练(代码开发)

10.1 通用功能

10.1.1 通用配置文件

Web. Config 文件用来保存网站的很多全局设置，尤其是数据库连接字符串。因为在实际工程中，开发环境、测试环境以及生产环境的数据库一般都不相同，所以数据库连接字符串的变化非常频繁，需要做到“一处修改，处处生效”。为此，把连接字符串放到 Web. Config 文件中是最佳选择(这里的 Web. Config 文件见第一章的 selCourseTest 项目中的 Web. Config 文件)，其中核心代码如下：

```
<add key="ConnectionString" value="server=127.0.0.1; uid=sa; pwd=sa123; database=sc"/>
```

这里需要注意的是，value 就是第八章中反复提到的连接字符串。可以根据具体环境对其中的值进行修改，以便工程能顺利运行。

10.1.2 数据库连接类

使用 ADO. NET 进行数据库操作方便快捷。ADO. NET 中有许多数据库操作类，如 SqlConnection 类、SqlDataAdapter 类、SqlCommand 类、DataSet 类等。在综合训练系统中，数据库操作非常多，为了实现“一处编写，处处调用”，因此设计了一个数据库操作封装类——Db 类，类中有三个静态函数 ExecuteSelectSql、ExecuteSql 和 ExecuteInsertSql：

☆ ExecuteSelectSql 函数用来执行查询操作；

☆ ExecuteSql 用来执行修改、插入和删除三类操作；

☆ ExecuteInsertSql 执行需要返回刚插入记录的 identity 的 INSERT 语句。

对数据库进行操作的常规顺序是：先通过 SqlConnection 的 Open 函数连接到数据库，然后再通过 SqlCommand 执行指定的 SQL 语句，执行结束后再调用 SqlConnection 的 Close 函数关闭数据库连接。

项目中用的多的是前两个函数，所以在这里提供它们的代码：

(1) ExecuteSelectSql 函数的代码如下(见第一章的 selCourseTest 项目中的 Db. cs 文件)：

```
public static DataSet ExecuteSelectSql( string sqlSelect )
{
    SqlConnection conn=new SqlConnection(connString);
    SqlDataAdapter sda=new SqlDataAdapter(sqlSelect, conn);
    DataSet ds=new DataSet();
```

```
        try
        {
          sda.Fill(ds);
        }
        catch(SqlException e)
        {
                throw new Exception(e.Message);
    }
             return ds;
    }
```

(2) ExecuteSql 函数代码如下(见第一章的 selCourseTest 项目中的 Db.cs 文件):

```
    public static int ExecuteSql( string sql )
    {
        int rows =-1;
        SqlConnection conn=new SqlConnection(connString);
        SqlCommand cmd=new SqlCommand(sql, conn);
        try
        {
          conn.Open();
          rows=cmd.ExecuteNonQuery();
        }
        catch(SqlException e)
        {
          throw new Exception(e.Message);
        }
        finally
        {
          cmd.Dispose();
          conn.Close();
        }
        return rows;
    }
```

10.1.3　通用操作类

"一处编写，处处使用"、"一处修改，处处生效"的思想，在现代化的软件工程中是非常重要的思想。特别是在大量的代码需要开发的情况下，该思想具有省时省力，维护方便的特点，因此必须贯彻。在本系统中有很多公共功能，可以写成公共的通用函数，并放入到一个工具类 MyUtility 类里，每个功能函数作为工具类的一个静态函数(代码参考第一章的 selCourseTest 项目中的 MyUtility.cs 文件)。

MD5 静态成员函数：MD5 算法。MD5 算法是一个不可逆的加密算法，通常用于重要信息的加密，如登录密码，在 ASP.NET 中，提供有 MD5 的算法实现函数，调用 MD5 算法代码如下：

```
public static string MD5(string str)
{
  string result="";
  result=FormsAuthentication.HashPasswordForStoringInConfigFile(str,"MD5");
  return result;
}
```

Alert 静态成员函数的功能是显示一个提示对话框，在网站的运行过程中，经常需要给用户一些即时反馈，比如修改密码成功，选课成功等提示框。代码如下：

```
public static string Alert(string s)
{
  return "<script language=\"javascript\">alert(\""+s+"\");</script>";
}
```

Back 函数的功能是回退到某个网页，i 的取值通常为负，当为－1 时表示回退到上一个网页，为－2 时表示回退到上上个网页，依次类推。代码如下：

```
public static string Back(int i)
{
  return "<script language=\"javascript\">location.href=\"javascript:history.go("+i+");\";
</script>";
}
```

其他功能函数参考第一章的 selCourseTest 项目中的 MyUtility.cs 文件。

10.1.4 错误处理模块设计思路

在使用系统的过程中，由于操作失败或网络延迟等各类原因，会出现错误，而能有准确的错误提示，有利于及早发现问题方便调测，也便于用户理解问题所在。为统一错误提示，开发中定义了专门的错误信息类和错误显示页面。

☆ 错误信息类 ErrorInfo 类定义了所有的本系统中所出现的错误情况和函数 Message。

☆ 函数 Message 根据错误情况得到相应显示文本。

☆ 错误显示页根据 URL 中附带的错误代码参数进行匹配，进而显示不同的错误信息。

10.1.5 登录信息缓存

登录页面是所有用户公用的功能。不同的用户登录到系统中将转向不同的页面。这里需要保存每个用户私有的，并且在退出之前一直存在的用户登录认证信息，因此，采用了 Session 记录用户信息。

具体代码参考工程中 Login.aspx.cs 文件里 btnLogin_Click 函数中的代码段：

```
Session["Id"]=user;
Session["Type"]=type;
```

上述代码的含义是把登录后经过认证的用户名和用户类型放入到 session 里，直到用户退出登录才消亡。

10.2　业务模块界面及配套代码

10.2.1　学生模块界面及配套代码

1. 登录

在用户名和密码处输入用户名和密码，在“用户类型”下拉列表框中选择“学生”，单击“登录”按钮，登录选课系统(见图 10.1)。

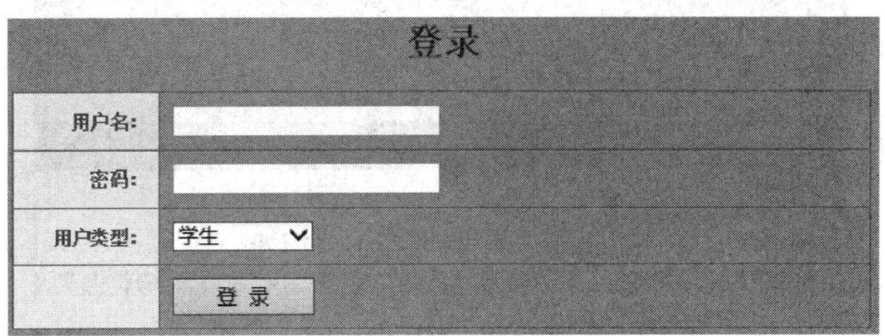

图 10.1　选课系统登录界面

主要代码如下：

```
private void btnLogin_Click(object sender, System.EventArgs e)
{
    int type=Int32.Parse(ddlType.SelectedItem.Value);
    string user=txtUser.Text.Trim();
    string inputkey=txtKey.Text.Trim();
    string key="";
    string sql="";
    DataSet ds;
    switch( type )
    {
        case    1://学生
            //验证学生身份代码
            break;
        case    2://教师
            //验证教师身份代码
            break;
        case    3://系统管理员
            //验证管理员身份代码
            break;
        default;
            break;
    }
}
```

2. 查看必修课程列表

登录成功后，进入学生主页，点击“必修课程”链接(见图 10.2)，得到所有必修课程的列表，在列表中可以看到所有必修课程及课程的简单信息，如授课教师姓名、课程所占学分等。

在列表中可以点课程名称，如“互联网＋”链接，查看课程详细信息；点击教师姓名，如“teacher1”链接，查看教师的详细信息；点击“查看上课时间地点”链接，查看对应课程的上课时间和地点。

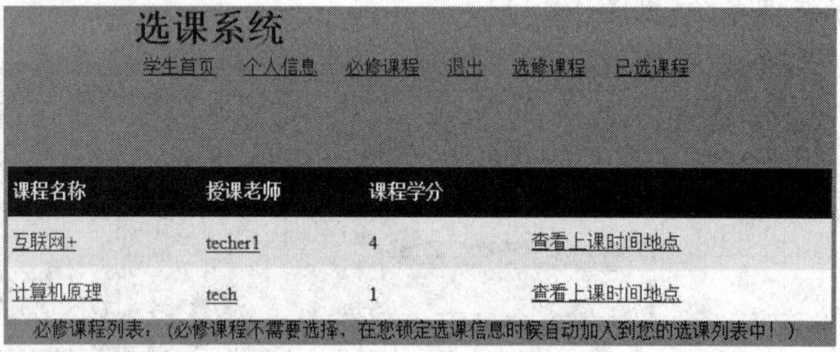

选课系统

学生首页 个人信息 必修课程 退出 选修课程 已选课程

课程名称	授课老师	课程学分	
互联网+	techer1	4	查看上课时间地点
计算机原理	tech	1	查看上课时间地点

必修课程列表：(必修课程不需要选择，在您锁定选课信息时候自动加入到您的选课列表中！)

图 10.2　必修课列表

在页面加载的时候从数据库读取所有必修课信息，代码如下：

```
string sql="select Course. * , TName from Course, Teacher where CType like'必修'and Course.TId=Teacher. TId";
//查询处所有必修课程信息
DataSet ds=Db. ExecuteSelectSql(sql);
if ( ds ! = null && ds. Tables. Count > 0 )
{
    dgCourse. DataSource=ds. Tables[0];
    dgCourse. DataBind();
//将查询结果绑定到 DataGrid 中
}
```

3. 查看选修课程列表页面

单击“选修课程”链接，可查看选修课列表。每个选修课最后有“选修该课程”按钮，可选择对应课程(见图 10.3)。

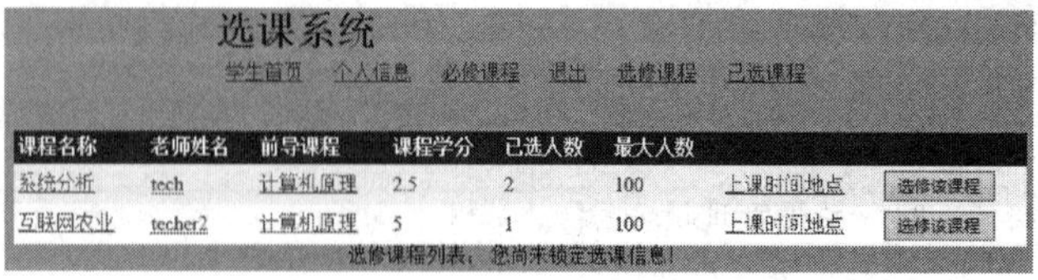

选课系统

学生首页 个人信息 必修课程 退出 选修课程 已选课程

课程名称	老师姓名	前导课程	课程学分	已选人数	最大人数		
系统分析	tech	计算机原理	2.5	2	100	上课时间地点	选修该课程
互联网农业	techer2	计算机原理	5	1	100	上课时间地点	选修该课程

选修课程列表，您尚未锁定选课信息!

图 10.3　选修课列表

主要代码如下：

```
string sql="select x. * , TName, (select CName from Course as y where y. CId=x. CPreCId) as CPreCName from Course as x, Teacher where x. CType like '选修' and x. TId like Teacher. TId";
//查询该学生已选修的课程
```

```
DataSet ds=Db. ExecuteSelectSql(sql);
if(ds ! = null && ds. Tables. Count > 0 )
{
    dgCourse. DataSource=ds. Tables[0];
    dgCourse. DataBind();
    for(int i=0; i < ds. Tables[0]. Rows. Count; i++)
    {
      sql="select count( * ) from SC where CId="+ds. Tables[0]. Rows[i]["CId"]. ToString();
      DataSet ds1=Db. ExecuteSelectSql(sql);
      if ( ds1 ! = null && ds1. Tables. Count > 0 && ds1. Tables[0]. Rows. Count > 0 )
         dgCourse. Items[i]. Cells[6]. Text=ds1. Tables[0]. Rows[0][0]. ToString();
    }
}
bool locked= bool. Parse(Session["Locked"]. ToString());
if ( ! locked )
{
    lbLock. Text="您尚未锁定选课信息!";
}
else
{
    lbLock. Text="选课信息已被锁定!";
    dgCourse. Columns[9]. Visible=false;
}
```

4. 查看已选课程页面

在上一步查看选修课程的列表中，选择"系统分析"、"互联网农业"两门课程后，点击"已选课程"链接查看已经选择的课程列表(见图 10.4)。刚才选择的两门课程的成绩均为 0，当课程结束后，教师登录本系统给所有学生评分，学生再次浏览此页面可查看到课程的成绩，若成绩合格，学生可获得对应课程的学分。

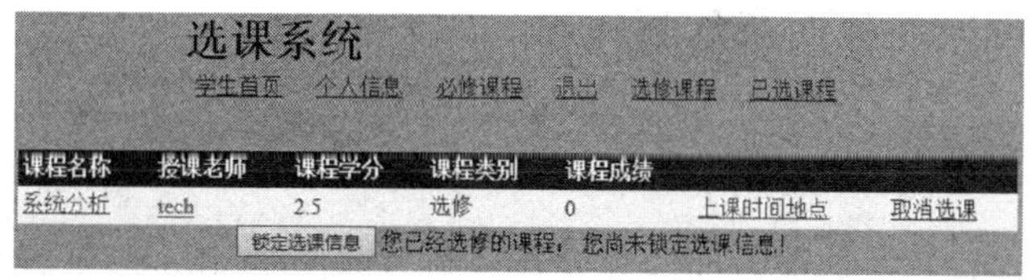

图 10.4 已选课程列表

锁定课程代码如下：

```
string sql="select count( * ) from SC where SId like '"+Session["Id"]. ToString()+"'";
DataSet ds=Db. ExecuteSelectSql(sql);
int nCourse=0;
if ( ds ! = null && ds. Tables. Count > 0 && ds. Tables[0]. Rows. Count > 0 )
{
   nCourse=Int32. Parse(ds. Tables[0]. Rows[0][0]. ToString());
}
```

```
if ( nCourse < 2 )
{
    Response.Write(MyUtility.Alert("您必须选择至少两门选修课程!"));
    return;
}
else
{
    //先将所有必修课程加入到选课表中再锁定
    sql="select CId from Course where CType='必修'";
    DataSet ds2=Db.ExecuteSelectSql(sql);
    if ( ds2!=null && ds2.Tables.Count > 0 )
    {
        for ( int i=0; i < ds2.Tables[0].Rows.Count; i++ )
        {
            string cid=ds2.Tables[0].Rows[i][0].ToString();
            sql="insert into SC(SId, CId, Score) values('"+Session["Id"].ToString()+"',
                "+cid+", 0)";
            Db.ExecuteSql(sql);
        }
    }
    sql="update Student set SLocked=1 where SId like '"+Session["Id"].ToString()+"'";
    if ( Db.ExecuteSql(sql) == 1 )
    {
        lbLock.Text="选课信息已被锁定!";
        Session["Locked"]="true";
        Response.Redirect("Selectedcourse.aspx");
    }
}
```

10.2.2 系统管理模块界面及配套代码

系统管理员主要有三个功能需要实现：设置选课时间段、录入学生和教师信息、录入教学楼教室信息。

设置开始选课时间段：选课时间段存储在项目目录下的 time.txt 文件中。文件中第一行表示开始时间，第二行表示结束时间，如图 10.5 所示。

选课系统

教学楼与教室设置　退出　教师和学生信息录入　管理首页

选课时间为：2016/8/1 0:00:00到2017/1/1 0:00:00

设置新的选课时间

图 10.5　管理员登录主界面

设置时间代码如下：

```
    DateTime dtStart, dtEnd;
    try
    {
        dtStart=DateTime.Parse(txttimeStart.Text);
        dtEnd=DateTime.Parse(txtTimeEnd.Text);
    }
    catch
    {
        Response.Write(MyUtility.Alert("输入错误"));
        return;
    }
    StreamWriter sw=new StreamWriter("http://localhost/sc/login.aspx", false);
    sw.WriteLine(dtStart.ToString()); //写入开始时间
    sw.WriteLine(dtEnd.ToString()); //写入结束时间
    sw.Close();
    lbTime.Text="选课时间为："+dtStart.ToString()+"到"+dtEnd.ToString();   //更新选课时
间段显示
```

录入学生和教师信息：在 AdminUser.aspx 中，用于录入学生和教师信息，如图 10.6 所示。

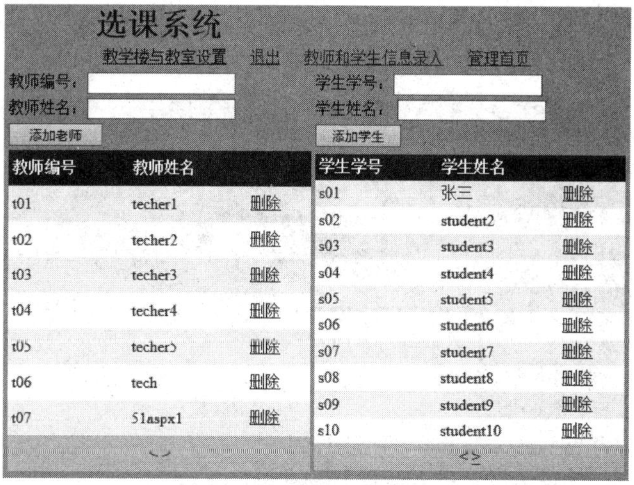

图 10.6 管理教师和学生信息

以添加教师为例，代码如下：

```
private void btnAddTearcher_Click(object sender, System.EventArgs e)
{
    string sql="insert into Teacher(TId, TKey, TName) values('"+txtTId.Text.Trim()
+"', '"+MyUtility.MD5(txtTId.Text.Trim())+"', '"+txtTName.Text.Trim()+"')";
    try
    {
        if ( Db.ExecuteSql(sql) == 1 )
        {
```

```
                sql="select * from Teacher";
                DataSet ds1=Db.ExecuteSelectSql(sql);
                if (ds1!=null && ds1.Tables.Count>0)
                {
                    dgViewT.DataSource=ds1.Tables[0];
                    dgViewT.DataBind();
                }
            }
            else
            {
                Response.Write( MyUtility.Alert("添加失败—_—，请检查编号是否已经存在!"));
                return;
            }
        }
        catch
        {
            Response.Write( MyUtility.Alert("添加失败—_—，请检查编号是否已经存在!"));
            return;
        }
    }
```

录入教学楼教室信息：在 AdminRoom.aspx 中，教学楼和教室的管理主要包括添加和删除操作，添加一个教室必须指定其所属的教学楼，如图 10.7 所示。

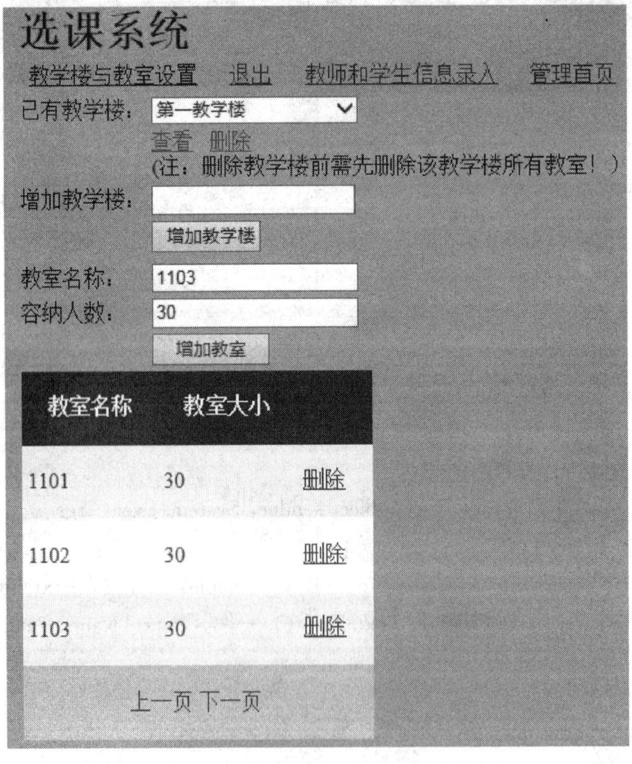

图 10.7　管理教学楼和教室信息

添加教学楼代码如下：

```
private void btnAddBuilding_Click(object sender, System.EventArgs e)
{
    if ( txtBuilding.Text.Trim() == "" )
    {
        Response.Write(MyUtility.Alert("请输入教学楼名称!"));
        return;
    }
    string sql="insert into Building(BuildingName) values('"+txtBuilding.Text.Trim()+"')";
    Db.ExecuteSql(sql);
}
```

10.2.3　教师模块界面及配套代码

教师功能有个人信息管理、开课、课程时间地点设置、给学生打分等。

个人信息管理：在 Teacher.aspx 中，在这里可以修改密码和填写教师个人信息，如图 10.8 所示。

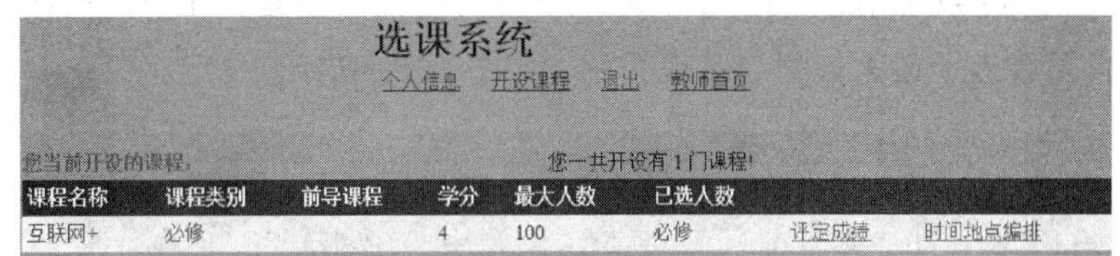

图 10.8　教师已开设课程

从数据库中读取教师个人信息显示代码如下：

```
string sql="select * from Teacher where TId like'"+lbTId.Text.Trim()+"'";
DataSet ds=Db.ExecuteSelectSql(sql);
if(ds!= null && ds.Tables.Count > 0 && ds.Tables[0].Rows.Count > 0 )
{
    txtTName.Text=ds.Tables[0].Rows[0]["TName"].ToString();
    txtTAge.Text=ds.Tables[0].Rows[0]["TAge"].ToString();
    txtTPhone.Text=ds.Tables[0].Rows[0]["TPhone"].ToString();
    txtTMail.Text=ds.Tables[0].Rows[0]["TMail"].ToString();
    if ( ds.Tables[0].Rows[0]["TSex"].ToString() == "男" )
        ddlTSex.SelectedIndex=0;
    else
        ddlTSex.SelectedIndex=1;
}
```

修改信息代码如下：

```
string sql="update Teacher set TName='"+txtTName.Text.Trim()+
    "',TAge="+txtTAge.Text.Trim()+
    ",TSex='"+ddlTSex.SelectedItem.Text+
    "',TPhone='"+txtTPhone.Text.Trim()+
    "',TMail='"+txtTMail.Text.Trim()+
```

```
    "' where TId='"+Session["Id"].ToString()+"'";
if(Db.ExecuteSql(sql) == 1 )
  Response.Write(MyUtility.Alert("修改成功!"));
```

修改密码代码如下：

```
if(txtKey.Text.Trim() != txtKeyConfirm.Text.Trim())
{
     Response.Write(MyUtility.Alert("两次输入密码不相符合"));
     return;
}
string sql="update Teacher set TKey='"+MyUtility.MD5(txtKey.Text.Trim())+"' where
TId =
'"+Session["Id"].ToString()+"'";
if ( Db.ExecuteSql(sql) == 1 )
     Response.Write(MyUtility.Alert("修改成功!"));
else
   Response.Write(MyUtility.Alert("修改失败!"));
```

开设课程：在 NewCourse.aspx 中，在这里可以添加新课程，其中包括课程名称、课程类型、学分、前导课程、最大人数、课程介绍，如图 10.9 所示。

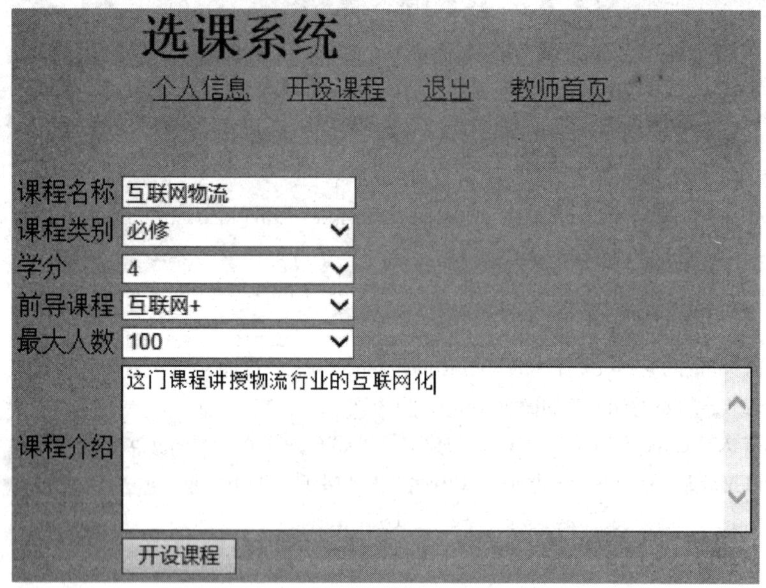

图 10.9　管理课程信息

从数据库读取所有课程编号和课程名称代码如下：

```
ddlCPreCId.Items.Clear();
ddlCPreCId.Items.Add("请选择");
string sql="select CId, CName from Course";
DataSet ds=Db.ExecuteSelectSql(sql);
if ( ds!= null && ds.Tables.Count > 0 )
{
```

```
        for ( int i=0; i < ds.Tables[0].Rows.Count; i++ )
        ddlCPreCId.Items.Add( new ListItem( ds.Tables[0].Rows[i]["CName"].ToString(),
        ds.Tables[0].Rows[i]["CId"].ToString() ) );
    }
    ddlCPreCId.SelectedIndex=0;
```

课程时间地点编辑：在 TeacherMain.aspx 中，在这里可以编辑课程时间和地点。如图 10.10 所示。

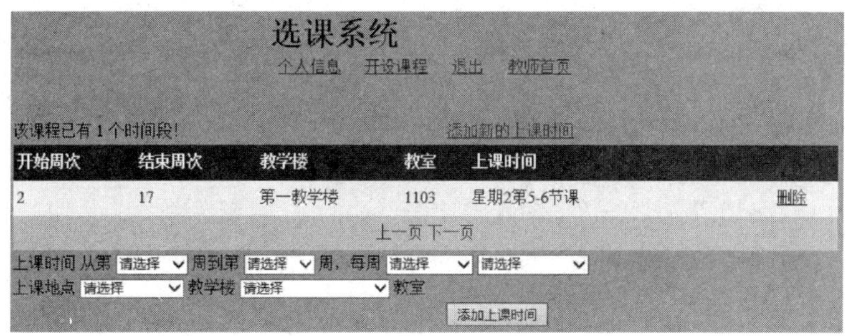

图 10.10　编辑课程时间地点

设置学生成绩：在 SC.aspx 中，可以添加学生考试成绩，如图 10.11 所示。

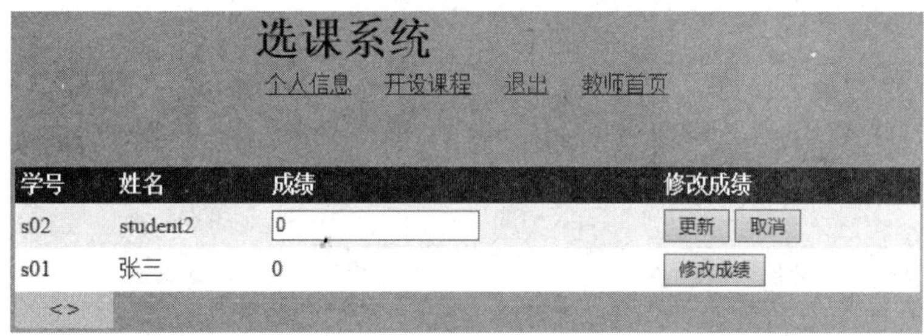

图 10.11　添加学生考试成绩

从数据库中读取教师开设的课程代码如下：

```
    string sql="select x.* , (select CName from Course as y where y.CId=x.CPreCId) as CPreCName from Course as x where x.TId like '"+Session["Id"].ToString()+"'";
    DataSet ds=Db.ExecuteSelectSql(sql);
    if (ds!= null && ds.Tables.Count > 0 )
    {
        if ( ds.Tables[0].Rows.Count > 0 )
        {
         lbCount.Text="您一共开设有 "+ds.Tables[0].Rows.Count.ToString()+" 门课程!";
         dgCourse.DataSource=ds.Tables[0];
         dgCourse.DataBind();
         for(int i=0; i<ds.Tables[0].Rows.Count; i++)
         {
           if(dgCourse.Items[i].Cells[3].Text == "必修" )
             dgCourse.Items[i].Cells[8].Text="必修";
           else
```

```
            {
              sql="select count( * ) from SC where CId="+ds. Tables[0]. Rows[i]["CId"]. ToString ();
              DataSet ds1=Db. ExecuteSelectSql(sql);
              if ( ds1!=null && ds1. Tables. Count > 0 && ds1. Tables[0]. Rows. Count > 0 )
                dgCourse. Items[i]. Cells[8]. Text= ds1. Tables[0]. Rows[0][0]. ToString();
            }
          }
        }
        else
        {
          lbCount. Text="您暂时还没有开设课程!";
        }
      }
```